Charles E. Ritterband

ÖSTERREICH
STILLSTAND IM DREIVIERTELTAKT

Mit Karikaturen von Michael Pammesberger

2016

BÖHLAU VERLAG WIEN KÖLN WEIMAR

Bibliografische Information der Deutschen Nationalbibliothek:
Die Deutsche Nationalbibliothek verzeichnet diese Publikation in der
Deutschen Nationalbibliografie; detaillierte bibliografische Daten sind
im Internet über http://portal.dnb.de abrufbar.

Umschlagabbildung: Zeichnung: Michael Pammesberger

© 2016 by Böhlau Verlag GmbH & Co. KG, Wien Köln Weimar
Wiesingerstraße 1, A-1010 Wien, www.boehlau-verlag.com

Korrektorat: Anja Borkam, Jena
Einbandgestaltung: Michael Haderer, Wien
Satz: Bettina Waringer, Wien
Druck und Bindung: Finidr, Cesky Tesin
Gedruckt auf chlor- und säurefreiem Papier
Printed in the EU

ISBN 978-3-205-20389-6

Dem amüsierten Connaisseur Kakaniens –
in alter Verbundenheit! Alexander Van der Bellen

Für Christine und Emma –
als kleine Orientierungshilfe im Labyrinth Österreich

Dank

Mein Dank geht an die „Neue Zürcher Zeitung" und an die „Vorarlberger Nachrichten" für die großzügige Erlaubnis, einige der dort erschienen Glossen und Kommentare hier nachzudrucken. cer

In Österreich wird man nur zum großen Mann,
wenn man etwas auffällig nicht tut.
Egon Friedell

Wenn wir nur lang g'nug tun, als ob nix g'wesen wär,
dann is a nix g'wesen.
Helmut Qualtinger

… na ja, Österreich war immer unpolitisch … i maan,
mir san ja kane politischen Menschen!
Der Herr Karl

So lange der Österreicher Bier und Würstel hat,
revoltirt er nicht.
Ludwig van Beethoven

Inhalt

Vorwort

Die Maschine der österreichischen Fluggesellschaft schwebt in geringer Höhe über dem Neusiedler See, im Landeanflug auf Wien, dem von mir gewählten Lebensmittelpunkt. Aus den Lautsprechern ertönt jetzt leise ein Walzer – köstliche Vorahnung im Dreivierteltakt.

Bilde ich es mir nur ein: In dem Flugzeug, das soeben noch erfüllt war von der Hektik der Landevorbereitungen, beginnt sich jetzt fast spürbar ein stilles Glücksgefühl auszubreiten. Vorfreude auf die Walzer der Strauß-Dynastie im Goldenen Saal, auf rauschende Bälle in der kaiserlichen Residenz, auf edle weiße Pferde, die im Dreivierteltakt durch die prachtvollste Reithalle der Welt tänzeln? All das ist Wien, ist Österreich, ist gelebte Nostalgie. Ebenso wie die nationale österreichische Fluggesellschaft, die ja längst nicht mehr dieser Nation gehört, sondern den Deutschen. Der Lufthansa. Das hat sie mit der nationalen schweizerischen Fluggesellschaft gemeinsam. Und natürlich auch die Nationalfarben Rot und Weiß auf der Heckflosse (in unterschiedlicher grafischer Anordnung, worüber maliziös gewitzelt wird). Das ist aber auch alles, was die Schweiz und Österreich gemeinsam haben. Der Rest ist denkbar unterschiedlich.

Ich bin in Zürich aufgewachsen. Als Buben schwärmten wir alle von der legendären „Gotthardlokomotive" Ae 6/6, mit ihren sechs Motoren à je 1000 PS, welche mühelos Eisenbahnzüge von bis zu 600 Tonnen Gewicht mit 75 km/h über den Gotthard ziehen konnten: Wunder der Technik. Wenn mehr Leistung erforderlich war, wurde sogar eine zweite Lokomotive vorgespannt: „Doppeltraktion" nannten das die Fachleute. Das Bild der beiden starken Loks, die, aneinander gekoppelt, 1400 Tonnen schwere Züge über die Alpen schleppten, hat sich mir nachhaltig eingeprägt – als Inbegriff einer herkulischen Leistung.

Wie aber verhält es sich in Österreich? Auch in Österreich, ebenfalls einem „Land der Berge", wie uns die Nationalhymne lehrt, werden zwei Lokomotiven an den Zug gekoppelt. Allerdings: Die eine zieht vorne, die andere zieht hinten. Die eine rot, die andere schwarz. Resultat: Der österreichische Eisenbahnzug bewegt sich nicht von der Stelle. Übrigens auch der österreichische Berg nicht. „Stillstandsrepublik" hat jemand diesen Zustand genannt.

Inzwischen ist die alte Ae 6/6 in Pension gegangen, und dieses Jahr werden bald keine Lokomotiven mehr schwere Eisenbahnzüge über den Gotthard ziehen: Stattdessen werden diese in Kürze mit einer Höchstgeschwindigkeit von 250 km/h durch den (pünktlich fertiggestellten) Gotthard-Basistunnel brausen – den mit 57 Kilometern längsten Eisenbahntunnel der Welt. Österreich aber wartet weiterhin vergeblich auf den Bau des längst projektierten Brenner-Basistunnels und, fast hätte ich's vergessen, auch des Semmering-Basistunnels. Stillstandsrepublik.

„Jetzt ist Stillstand", sagt auch der frühere tschechische Außenminister Karl Schwarzenberg. Einst sei Österreich wirtschaftlich vorbildlich dagestanden. Von den politischen Eliten komme aber keine Inspiration: „Volksparteien, denen das Volk abhanden gekommen ist. Es sind Parteien aus dem letzten Drittel des 19. Jahrhunderts. Sie sind mit ihrem Latein am Ende. Es ist deprimierend." Der Politologe Anton Pelinka: „Nichts geht mehr. Nicht in der Bildungspolitik, nicht in der Sicherheitspolitik, in der Asyl- und Flüchtlingspolitik und vor allem der Verfassungspolitik." Österreich sei nicht müde, sondern träge geworden. Es habe sich vom wirtschaftlichen Aufschwung nach dem EU-Beitritt und der Erweiterung einlullen lassen, kommentiert der ehemalige EU-Kommissar Franz Fischler. Der Philosoph Konrad Liessmann: „Was wir heute unter Reform kennen, ist meist weder Wiederherstellung noch Verbesserung. Sondern Veränderung um der Veränderung und Beschäftigung willen."[1]

Die österreichische Stagnation ist, wie jeder längst weiß, auf die Dauerherrschaft, das scheinbar in der Realverfassung fest verankerte Duopol der längst nur noch gewohnheitsmäßig so genannten „Großen" Koalition mit ihren „Verhaberungen" (welch treffender, aus dem Hebräischen stammender Begriff), der verharmlosend als „Freunderlwirtschaft" bezeichneten Klientelwirtschaft samt Postenschacher zurückzuführen, aber auch auf einschlägige Nachteile der Sozialpartnerschaft. Die ideologischen Gräben zwischen den beiden „Reichshälften" Rot und Schwarz scheinen unüberwindbar, und doch ist man einander in Hassliebe verbunden: Hass auf den politischen Rivalen, gemeinsame Liebe zu den politischen, wirtschaftlichen und sozialen Privilegien, welche das österreichische System den Machthabern und deren zahlreichen Anhängseln ermöglicht.

Vor Jahrzehnten habe es geheißen, schreibt Alexander van der Bellen,[2] dass nur Große Koalitionen die großen Probleme des Landes lösen könnten – so wie sie sich derzeit präsentiere, sei, sagt der Bundespräsidentschaftskandidat mit gewohntem Understatement, „diese Regierungsform jedoch eher das Problem als die Lösung". Wenn man keine gemeinsame Agenda mehr habe „und einander offenkundig nicht mehr ausstehen" könne, dann solle man „das Projekt zum Wohle der Allgemeinheit beenden". Dies ist unfreiwillig zwar, jetzt offenbar der Fall – auch wenn es sich Rot und Schwarz selbst noch nicht eingestehen mögen.

Denn am Sonntag, 24. April 2016 wurde alles anders: Die erste Runde der Bundespräsidentenwahlen hat ein politisches Erdbeben ausgelöst, nach dem kein Stein auf dem anderen geblieben ist. Die beiden einstigen „Großparteien" hatten Verlegenheitskandidaten aufgestellt, an die sie selbst nicht geglaubt hatten und die genau das verkörpern, wovon die nachrückende Generation in Österreich entschieden die Nase voll hat: ein fader Gewerkschaftsfunktionärstyp (SPÖ-Hundstorfer) oder ein erzkatholischer Reaktionär (ÖVP-Khol). Diese alten Herren repräsentieren geradezu idealtypisch das Ende einer Ära – der Reformunfähigkeit, der Sesselkleber, der traditionellen Parteiloyalität der Wählerschaft.

Was aber kommt danach? Mehr als 35 Prozent der Wähler haben dem rotschwarzen Stagnationssystem eine klare Abfuhr erteilt, indem sie sich von einem Rechtspopulisten umgarnen ließen, der mit sanfter Stimme durchaus ernstzunehmende Drohungen ausstößt und, wie um diesen Nachdruck zu verleihen, einen Revolver in der Tasche trägt. Deutlich mehr als ein Drittel der österreichischen Wähler hat offenbar keinerlei Skrupel oder Berührungsängste gegenüber einer Partei, die sich einst aus den versprengten Resten der NS-Täter und der NS-Mitläufer formiert hatte und deren Personal aus dem Bierdunst der Stammtische regelmäßig antisemitische und deutschnationale Rülpser von sich gibt. Das ist schon bedenklich.

Mit großer Spannung wird nach der Intervention des Obersten Gerichtshofs der (präzedenzlose) dritte Wahlgang Anfang Oktober erwartet, in dem der Rechtspopulist Hofer als freundlicher Frontmann des rechtsextremen Hardliners Strache dem urban-liberalen, sanft zynischen Intellektuellen Van der Bellen in einem beispiellosen Duell gegenübersteht – die Polarisierung der Nation schreitet weiter voran. Wenn Van der Bellen Präsident wird, müsste er in nicht allzu ferner Zukunft seinem Wahlversprechen nachkommen, gemäß der (nie zuvor zum Einsatz gelangten) präsidialen Prärogative Strache, selbst wenn dessen Partei als stärkste aus künftigen Wahlen hervorgehen sollte, nicht als Regierungschef anzugeloben – und damit nahezu unweigerlich eine Staatskrise auslösen. Wenn Hofer siegt, wird er voraussichtlich in einem ebenfalls nie dagewesenen Präsidialputsch die rot-schwarze Regierung stürzen, Neuwahlen erzwingen, Strache zum Regierungschef küren, Österreichs EU-Position aktiv unterminieren und in typisch freiheitlichem Machtrausch anstelle einer liberalen Urbanisierung (à la Van der Bellen) die Orbanisierung nach ungarischem Muster einleiten. Interessante Perspektiven.

Doch mindestens so sehr wie auf das Duopol der „Großparteien" ist die allgemeine Stagnation auf eine weitere Spezialität dieser Republik zurückzuführen: die nahezu unumschränkte Herrschaft der quasimonarchischen Landeskaiser. Weit über ihre eigentliche Funktion hinaus bestimmen sie die österreichische Politik mit postfeudalistischem Gehabe. Sie verteilen Pfründe und Gelder, die sie (im Gegensatz zu den Schweizer Kantonen) nicht selber aufgebracht haben, sondern die ihnen stetig und verlässlich aus der Kasse des Bundes zufließen. Landeshauptleute sind, von einem weitgehend schrankenlosen Ego geleitet, Virtuosen des Spatenstichs, volkstümliche Protagonisten der Provinzfolklore und unangefochtene Favoriten der lokalen Medien.

Die braven Bürger halten all das, was sie da tagtäglich vorgeführt bekommen, für Demokratie und danken es dem Landesherrn und seiner Partei stets verlässlich mit dem Wahlzettel. Opposition (die Landtage sind da vernachlässigbar) gibt es nicht wirklich, Kritik und Konflikte sind in diesem politischen Eldorado nicht vorgesehen. Ein kleines, eher nebensächliches Beispiel: Wenn der (neben dem Wiener Bürgermeister Häupl) seit Jahren unbestritten mächtigste Mann im Staat, Erwin Pröll, Landeshauptmann von Niederösterreich, einem niederösterreichischen Winzerfest die Ehre gibt, werden völlig selbstverständlich sämtliche polizeiliche Alkoholtests in weitem Radius um das feuchtfröhliche Ereignis eingestellt: In „vorauseilendem Gehorsam" gegenüber dem mächtigen Landesherrn – ein austriakischer Atavismus, vermutlich monarchischen Ursprungs. Einen weit gravierenderen Beleg für seine geradezu schrankenlose Macht bot Pröll, als er genau zwei Wochen vor der Bundespräsidentenwahl in einem Überraschungscoup Innenministerin Mikl-Leitner aus Wien abzog, in St. Pölten als Landeshauptmann-Stellvertreterin sowie künftige Nachfolgerin platzierte, an ihrer Stelle Wolfgang Sobotka in die Bun-

„Weight Watchers"

desregierung entsandte – und durch dieses zynische Ablenkungsmanöver dem ÖVP-Präsidentschaftskandidaten Khol auch noch den letzten Wind aus den Segeln nahm. Kanzler und Vizekanzler konnten nicht mehr tun, als bei dieser in St. Pölten inszenierten Rochade hilflos zuzuschauen.

Theoretisch inexistent, ganz besonders in der Verfassung, und doch zugleich sehr lebendig ist die eigentliche Regierung dieses Österreich: die Landeshauptleutekonferenz – ein gebührend langes Wort für eine ebenso mächtige wie unscheinbare Institution. Sie wirkt als das föderalistische Zentralorgan der Reformverhinderung – und als verlässliche Garantin des allgemeinen Stillstands in der Nation. Dass hierzulande seit erdenklichen Zeiten wichtige Reformen so oft angekündigt wie auch alsbald wieder verschoben werden, geht unter anderem auf das Konto der Landeshauptleute. Ihnen geht persönliches Prestige, geht Landeswohl grundsätzlich vor Gemeinwohl der Nation: die Landeshauptleutekonferenz als Summe dieser stagnationsfördernden Egoismen. Eine Institution, welche die mächtigste der Nation ist und zugleich überhaupt nicht existiert? Österreich, sinnierte einst Helmut Qualtinger, sei „ein Labyrinth, in dem sich jeder auskennt".

17

Der frühere Bundeskanzler Viktor Klima hat die griffigste Formel für die Reformbegeisterung in der Stillstandsrepublik Österreich aufgestellt: „Wir brauchen Reformen – aber nichts darf sich ändern." Und in der „Fledermaus", wo, exemplarisch für Österreich, „jeder das ist, was er nicht ist" (Gustav Mahler), stimmen Chor und Solisten, beseelt von Champagner und Walzer, die geheime Nationalhymne dieser Nation an: „Glücklich ist, wer vergisst, was doch nicht zu ändern ist." Glückliche Nation. Glückliches Volk. Glückliches Österreich. Stillstand – aber im Dreivierteltakt.

Wien, im August 2016

„Herzergreifende Szene"

1 „Salzburger Nachrichten", Sonderbeilage „Aufbruch": „66 Personen wider den politischen Stillstand in Österreich", 13. Februar 2016.

2 Alexander Van der Bellen, Die Kunst der Freiheit. In Zeiten zunehmender Unfreiheit, Wien 2015, S. 51.

DAS RANGHÖCHSTE MÄNNCHEN IN DER ÖVP (PFEIL)

DAS RANGHÖCHSTE MÄNNCHEN IN DER SPÖ (PFEIL)

„Höher entwickelte Säugetiere"

DROPPING THE PILOT.

„Der Lotse geht von Bord"

1. Im Wahlfieber

Der Lotse geht von Bord
(12.5.2016)

„Der Lotse geht von Bord" („Dropping the Pilot") war der Titel jenes berühmten Cartoons vom 29. März 1890 im britischen Satire-Magazin „Punch". Dieser stellte den deutschen Reichskanzler Otto von Bismarck als Lotse dar, der das Schiff „Deutschland" über die Schiffsleiter verlässt, während Kaiser Wilhelm II. von der Reling herab zusieht.

Nun, Kanzler Faymann mit Kanzler Bismarck zu vergleichen, wäre wohl etwas verwegen. Im Gegensatz zur historischen Figur Bismarck hat Werner Faymann keine Geschichte geschrieben – in den immerhin 2715, allerdings wenig glorreichen Tagen, in denen er als Lotse das Staatsschiff „Österreich" durch zuletzt immer stürmischere Gewässer lenkte und sich dabei verzweifelt an den Mast klammerte, um nicht durch eine der vielen schweren Brecher (18 Wahlniederlagen unter seiner Schiffsführung) von Bord gespült zu werden. War das derselbe Faymann, der einst auf seinen Wahlplakaten verkündet hatte: „Stürmische Zeiten. Sichere Hand"? Faymann, dieser Virtuose der Macht hatte, um auf Deck zu bleiben, in der Flüchtlingsfrage (wie schon zuvor beim Thema Wehrpflicht contra Berufsheer) das Ruder derart jäh herumgerissen, dass die Nation dabei geradezu seekrank wurde.

Als Konsequenz musste der Lotse das Schiff verlassen: Der Überlebens-
künstler Faymann wurde damit zum ersten europäischen Regierungschef, den
die Flüchtlingskrise zu Fall gebracht hat. Unmittelbare Auslöser waren aber
die katastrophale Wahlniederlage des SPÖ-Kandidaten Hundstorfer und der
überraschende Wahlsieg Hofers – beides, nach den Erkenntnissen der Meinungsforscher, direkte, kausale Folgen des nahezu totalen Vertrauensverlusts
der Bevölkerung gegenüber der Regierung. Faymann hatte weniger als Steuer-
mann mit klarem Kurs denn als Verwalter des Stillstands und als Bewahrer seiner eigenen Machtposition gewirkt. Dass die Wähler ihm dafür die Quittung
geben würden, war zu erwarten – und auch, dass er früher oder später (er hätte
es früher tun sollen und seiner Partei damit vielleicht so einiges erspart) seinen
Sessel, an dem er so lange klebte, räumen musste. Die Art seines Rücktritts
(nicht einmal Häupl soll's gewusst haben, und das will etwas heißen) und der
Zeitpunkt (weniger als zwei Wochen vor der schicksalhaften Präsidentenwahl)
signalisierten nur noch eines: Panik. Panische Flucht vor der Verantwortung,
zumal er nicht einmal einen potenziellen Nachfolger hinterlassen hat. Die-

„Plakativ danebengegriffen"

ser Rücktritt wird die SPÖ trotz feierlicher „Neustart"-Beschwörungen nicht retten – dafür aber einen Wahlsieg Hofers am übernächsten Sonntag noch wahrscheinlicher machen. Faymann, für den ein Teufelspakt mit der FPÖ bis zuletzt ein Tabu geblieben ist, hat damit, indirekt zumindest, seine eigenen Grundsätze verraten.

„Ave Werner"

Die K.u.K – Demokratie
(19.5.2016)

Wirklich überrascht ist niemand: Sowohl K als auch K waren längst in War-
testellung. Es erstaunt auch nicht, dass es der bisher schwerste Krise der SPÖ
bedurfte, bis Faymann seinen Platz räumte. Mitterlehner dürfte in nicht allzu
ferner Zukunft dem Beispiel seines ehemaligen Koalitionspartners folgen, denn
der ÖVP geht es bekanntlich kein bisschen besser. Wenn dies geschieht, würden
die beiden K an der Spitze der Regierung zu Hoffnungsträgern der Nation – in
einer eher hoffnungslosen Situation allerdings. Und obwohl sie antreten würden, den festgefahrenen Karren ihrer Partei aus dem Dreck ziehen – Anlass, Ur-
sache und Zeitpunkt dieser Notfallübung erwecken wenig Vertrauen: Es wurde

„125 Jahre SPÖ: Wir gratulieren"

"Kurz-Karriere"

reagiert, nicht agiert. Wäre da nicht der Wahlsieg dieses bis dahin völlig namen- und gesichtslosen Hofer gewesen – nichts wäre geschehen.

Wenn das nur gut geht. Die beiden K – ein zielbewusster, erfolgreicher Manager und politischer Quereinsteiger der eine, ein charmanter, kluger und machtbewusster Senkrechtstarter der andere – treten in einem denkbar ungünstigen Moment ein schweres Erbe an: an der Spitze zweier Parteien, die aus der Gunst des Volkes gefallen sind und im Schatten des unaufhaltsamen Aufsteigers FPÖ dahindümpeln. Beide, Kern und möglicherweise Kurz, sind nicht bei regulären Wahlen als Spitzenkandidaten ihrer Parteien angetreten. Das mindert ihre demokratische Legitimation – und könnte sie zur Zielscheibe künftiger FPÖ-Agitation machen.

„Mission impossible"? Die beiden könnten es schaffen, der Bevölkerung wenigstens einen Teil des verlorenen Vertrauens und die FPÖ wieder von ihrem hohen Ast, auf dem sie gegenwärtig triumphiert, wenigstens ein Stück weit wieder herunterzuholen – aufgrund ihrer Persönlichkeit und durch entschlossenes, innovatives Handeln. Einen Wirtschaftsmanager wie Kern hat

25

Österreich angesichts der prekären Konjunkturlage dringend nötig, Kurz hat seine politische Entschlusskraft bereits unter Beweis gestellt, Kern wiederum soll ja angeblich im Hintergrund (gemeinsam mit Gerhard Zeiler) die Fäden bei der Demontage Faymanns gezogen haben – Männer der Tat also, die zusammen ein breites politisches Spektrum abdecken würden.

Die Drohung Hofer bleibt allerdings bestehen: Wenn es Strache befiehlt, kann Hofer selbstverständlich auch eine neue Regierung unter Leitung der beiden K jederzeit entlassen, Neuwahlen erzwingen und die FPÖ an die Macht bringen. Hofer wird sich hüten, dies zu tun – und die Mehrheit der Österreicher gegen sich und die FPÖ aufzubringen. Vorläufig zumindest. Die beiden Neuen werden ihrerseits gut daran tun, einen Urnengang nach Kräften zu verhindern, dessen Ausgang mit Sicherheit ein Sieg der FPÖ wäre. Aber, wie der englische Sinnspruch lautet: „If you can't beat them – join them" („Wenn du sie schon nicht schlagen kannst – schließ dich ihnen an"). Mit anderen Worten: Koalition mit den Rechtspopulisten. Faymanns FPÖ-Tabu ist jedenfalls Geschichte für Kern. Und für Kurz gab es dieses ohnehin noch nie.

Der Riese schläft weiter

(7.4.2016)

„Ein guter Präsident kann Ihre Verfassung ändern", behauptet das Plakat am Straßenrand, das bei näherer Betrachtung im Gegensatz zu allen anderen für keinen Präsidentschaftsanwärter und dessen große Heimatliebe, sondern für den „Mahlkaffee Präsident" einer bekannten österreichischen Kaffeemarke wirbt. Ein pfiffiger Werbegag also und nicht etwa die Aussage eines Verfassungsrechtlers oder gar eines der sechs Präsidentschaftskandidaten. Und dennoch – der Slogan machte mich stutzig. Kann der österreichische Bundespräsident tatsächlich die Verfassung ändern, wenn ihm danach zumute ist? Natürlich nicht. Aber er darf sonst so einiges. Gemäß Verfassung.

Der namhafte französische Politikwissenschaftler und Jurist Maurice Duverger (1917–2014) prägte einst ein starkes Wort – und er bezog es auf das Amt des österreichischen Bundespräsidenten: Er nannte diesen einen „schlafenden Riesen". Da es sich hier aber um Österreich handelt, bedient sich der wohl führende Verfassungsrechtler dieser Nation, Manfried Welan, einer anderen Metapher: „Wie ein Wasserzeichen" schimmere „der Kaiser durch den Text" der österreichischen Verfassung. Ein „Kaiserkomplex", so Welan, habe die Diskussion um das Staatsoberhaupt zu Beginn der Republik bestimmt. Deshalb sei das Amt des Bundespräsidenten so voller Widersprüche und eine „inkonsequente Konzeption". Zwar ist der Bundespräsident in den meisten Entscheidungen (wie bei der Ernennung eines Bundesministers oder der Auflösung des Parlaments) an Vorschläge und die Zustimmung der Regierung gebunden. Aber die Bestellung des Bundeskanzlers und damit die Entscheidung über die neue Regierung liegt – theoretisch – allein in den Händen des Präsidenten. Traditionsgemäß beauftragt er den Vertreter der stärksten Partei mit der Regierungsbildung – er muss es aber nicht. So kann Van der Bellen durchaus zu Recht verkünden, dass er einen Strache nicht angeloben würde. Man mag diese Intention als undemokratisch tadeln – verfassungswidrig wäre sie nicht. Doch die Weigerung, den Wahlsieger anzugeloben, würde den Präsidenten unter massiven Rechtfertigungsdruck setzen: Er müsste dies mit sehr plausiblen Argumenten begründen.

27

„Bergkameraden"

Abgesehen von der Möglichkeit, die Politik nach Belieben mit klugen Reden zu beeinflussen, darf der Präsident vor allem eines: die Regierung entlassen. Das steht deutlich in Artikel 70 der Verfassung. Am 20. Mai 2003 hatte mich der damalige Bundespräsident Thomas Klestil in meiner Funktion als NZZ-Korrespondent höchstpersönlich zum Tee in die Hofburg eingeladen. Im Gespräch über die aktuelle politische Lage ereiferte sich das Staatsoberhaupt: Er könne, wenn er wolle, betonte Klestil, die Regierung Schüssel jederzeit entlassen – und zwar ohne weitere Begründung. Sein Pressesprecher, ein gewisser Hans Magenschab, wurde sofort ausgesandt, um mir dies, angesichts eines Exemplars der Verfassung, schwarz auf weiß vor Augen zu führen. Ich beschrieb die Szene in einem eher harmlosen kleinen Artikel in der NZZ. Harmlos? Als Folge jenes NZZ-Artikels war am folgenden Tag der Teufel los: Schlagzeilen in sämtlichen österreichischen Tageszeitungen, Topmeldungen in Radio und Fernsehen: Klestil drohe mit der Entlassung Schüssels und der gesamten Regierung. Der „schlafende Riese" war, so zumindest der allgemeine Eindruck, plötzlich erwacht und ließ seine Muskeln spielen. Doch die Geschichte hatte einen etwas merkwürdigen Ausgang. Denn es geschah – gar nichts. Der Riese hatte sich erneut schlafen gelegt.

Heinzi und Desdemona

(11.2.2016)

Ein weißes Taschentuch im Opernhaus. Was fällt dem Opernliebhaber sofort dazu ein? Othello, Desdemona, Cassio, Jago. Das weiße Spitzentaschentuch als trügerisches Corpus Delicti. Nur – in diesem Falle lagen die Dinge etwas anders.

Es war kürzlich, am Opernball. Ich stand in meinem tadellosen Frack im üblichen Gedränge hinter den Lakaien, die in ihren goldbetressten Theaterkostümen aus dem Opernfundus bemüht waren, mittels einer Kordel die erwartungsvollen Ballgäste vom Parkett fernzuhalten, auf dem sich bald die feierliche Balleröffnung abspielen sollte. Die Spannung erreichte den Höhepunkt, denn die Zeiger meiner Schweizer Taschenuhr zeigten Punkt zweiundzwanzig Uhr, dann zwei, dann fünf nach zehn – doch nichts geschah. Ungewöhnlich. Unerhört geradezu. Spürbar begann sich Unruhe auszubreiten. Verspäteter Ballbeginn? Das hat es hier, bei dieser doch stets minutiös perfekten Organisation, noch nie gegeben. Dann endlich, Fanfare, Hymnen, Debütanten, Fächerpolonaise, Ballett, Opernsänger. Keiner wunderte sich mehr über die Verspätung. Doch was wir unten im Parkett nicht ahnen konnten, wurde nachträglich, bei der Betrachtung der Fernsehaufnahme zu Hause, plötzlich klar.

Denn während wir unten mit zunehmender Ungeduld auf die Eröffnung warteten, spielte sich oben, im eleganten „Teesalon", folgende Szene ab: Das altvertraute Moderatorenpaar Mirjam Weichselbraun und Alfons Haider flankierte vor laufenden Kameras das österreichische Präsidentenpaar – die Gastgeber – und das finnische Präsidentenpaar – die Staatsgäste. Frau Weichselbraun überraschte Präsident Heinz Fischer und Präsidentengattin Margit Fischer – das zwölfte und unwiderruflich letzte Mal in präsidialer Funktion am Staatsball und zum zwölften Mal seine prinzipielle Abneigung gegen jegliche Bälle huldvoll überspielend – damit, dass sie zwei weiße, mit Monogrammen versehene Taschentücher aus ihrem Ballkleid zauberte (oder eher: linkisch und damit zeitraubend aus einer Rüsche ihres Ballkleids herausklaubte – Erklärung für den verspäteten Ballbeginn?), die sie dann, als sie sie endlich in Händen hatte, dem Staatsoberhaupt und der Staatsoberhauptsgattin gleichsam als Abschiedsgeschenke überreichte.

Statt großer Oper Provinzposse, vor laufenden Fernsehkameras noch dazu, welche die große, weite Welt an dem Ereignis teilhaben ließen. Den protokollverwöhnten Fischers war denn auch die ganze Sache augenscheinlich eher peinlich, und das Staatsoberhaupt rettete die Situation souverän mit einer charmanten Geste – indem er nämlich Frau Weichselbraun mit seinem Taschentuch mit einer symbolisch angedeuteten Geste den Schweiß von der Stirne tupfte. Die finnischen Staatsgäste, die bei der allgemeinen Taschentuchverteilung leer ausgegangen waren, schauten ziemlich pikiert drein, mögen sich dazu ihren Teil gedacht haben, bewahrten aber bewundernswürdige Contenance. Den im Volk allseits beliebten Fischers jedenfalls dürfte so mancher Bürger ein durchaus echtes Tränchen nachweinen, wenn sie sich am 8. Juli nicht nur vom Opernball, sondern auch von der Hofburg verabschieden. Zwei Taschentücher dürften da kaum ausreichen. Es sollte daher erwogen werden – ähnlich wie damals bei den millionenfach eingekauften „Grippemasken" –, ein paar Millionen Exemplare zu beschaffen und diese beispielsweise aus Eurofightern über der vom Abschiedsschmerz heimgesuchten Nation abwerfen zu lassen. Dann wüssten wir zumindest endlich, wofür wir sie haben, die teuren Eurofighter.

„Der späte Heinz Fischer"

Welcher Fusel wird der **OPERNBALLWEIN?** Was für einen Fetzn wird die **DESI** anziehn? Welche **SCHLAMPN** wird der **LUGNER** herumzah'n?

Was wird der **ALFONS** fragen? Welches **EXPOLITIKER-SÖHNCHEN** debutiert mit wem? Und wen interessiert der **SCHMARRN?**

„Der traditionelle Tiefpunkt des Wiener Faschings"

Ballgeflüster
(26.2.2016)

Die Ballsaison ist längst vorbei, die Walzer sind verklungen – doch das Ballgeflüster hängt noch in der Luft. Dieses Jahr gedenken wir des Wiener Kongresses vor zweihundert Jahren – der Kongress tanzt, lautet das geflügelte Wort, und heute ist das gar nicht so anders in diesem ballverliebten Osten Österreichs. Die Politik tanzt und die Politiker sitzen eng gedrängt in sündteuren Logen, wie man es den armen Hennen in den Legebatterien heutzutage nicht mehr zumuten möchte – und schmieden Intrigen, planen Palastrevolten.

So zumindest wollte es scheinen, als ich Ende Januar 2015 das Vergnügen hatte, an der Grazer Opernredoute teilzunehmen und in einer Loge den steirischen Landeshauptmann Franz Voves zu besuchen, der dort selbstbewusst Gastgeber spielte für ÖBB-Chef Christian Kern – und damit jenen dramatischen Putschgerüchten Vorschub leistete, die „Österreich" (das Käseblatt sowie die gleichnamige Nation) in helle Aufregung versetzten und dem „Profil" die Titelstory lieferten. Damit nicht genug: Kurz darauf geisterte ein Foto durch die Medien, das ähnlich Schockierendes zeigte: Diesmal handelte es sich um eine Loge beim Wiener Opernball, diesmal spielte der Wiener Bürgermeister Häupl den Gastgeber für Kern.

Damit war es gleichsam offiziell: Ganz genauso wie einst die SPÖ-Spitzen den 180-Grad-Schwenk der sozialdemokratischen EU-Politik nicht etwa im Parlament bekannt gegeben hatten, sondern in einem wohlformulierten Leserbrief an den damals mächtigsten Mann im Staat, den „Krone"-Herausgeber Hans Dichand, so wird der Putsch gegen den Parteichef (und praktischerweise gleichzeitig noch Bundeskanzler) nicht am Parteitag inszeniert, sondern in Opernlogen an Opernbällen. O felix Austria! Wie beschwingt, bunt und sinnlich ist in diesem barocken Land selbst die Politik! Wer braucht hier schon wirklich Parlament und Parteitag, wo es doch die Oper gibt, den Walzer und die Quadrille!

Und wozu auch langweilige politische Programme und Prinzipien, wenn doch über Nacht plötzlich das genaue Gegenteil von dem gilt, was tags zuvor scheinbar noch gegolten hatte. Das war bei der erwähnten SPÖ-Europapo-

„Angesagt? Angesägt? Abgesägt?"

litik der Fall, beim brüsken Schwenk von der Wehrpflicht zum Berufsheer und jüngst bei der brüsken Abkehr von der Vermögens, Schenkungs- und Erbschaftssteuer. Machthaber Häupl befiehlt, weil er in Wien Wahlen zu gewinnen hat – und er duldet keinen Widerspruch, schon gar nicht seitens des Herrn Parteichef und Bundeskanzler. Dass da das Volk total verwirrt und der sozialdemokratische Wähler verunsichert zurückbleibt – wen kümmert's?

Der Mann Faymann ist zwar nett, macht aber bei alledem keine gute Figur. Sein Wahlsieg am letzten SPÖ-Parteitag war eine Wahlniederlage, da gibt es nichts zu deuten, seine Umfrageergebnisse sind denkbar unerfreulich – ebenso wie die Resultate der letzten Landtagswahlen (mit Ausnahme von Kärnten). Und bei den kommenden Wahlen dürfte es kaum besser werden. Faymann befindet sich gegenwärtig im „verflixten siebten Jahr" (Film von Billy Wilder aus dem Jahr 1955) – laut Statistik tatsächlich ein kritisches Jahr, zumal für Ehepaare.

High Noon
(28.4.2016)

Es ist Montag, und ein Hauch von Melancholie liegt über der Stadt: Gestern, am Sonntag, wurde die Nation von einem Erdbeben erschüttert und überall rauchen noch die Trümmer. Gürtel und Ringstraße in Wien sind noch von abblätternden, überkritzelten Wahlplakaten gesäumt – Wahl war gestern, morgen werden die Plakate verschwunden sein. Auch jenes vom Triumphator Hofer, bei dem – geniale Idee sozusagen – das O zum Kreis auf dem Wahlzettel umfunktioniert und durch ein „X" ersetzt wurde. Allerdings erinnert mich das an die Redewendung „jemandem ein U für ein X vormachen" (kommt übrigens von den römischen Ziffern V für 5 und X für 10). Genau das hat die FPÖ, leider höchst erfolgreich, getan und so Abertausende von Wählern der politischen Mitte geködert: ihnen ein U für ein X vorgemacht.

„Aus der Serie ‚Das Vorleben unserer Kandidaten'. Teil 3 Norbert Hofer"

„Neu: Der FPÖ-Bussibär"

Denn Norbert Hxfer ist nicht der gemäßigte, sympathische, gehbehinderte (und daher bemitleidenswerte) Mann der Mitte, dem man bedenkenlos seine Stimme geben kann, wenn man der Regierungsparteien überdrüssig ist (63 Prozent der Hofer-Wähler). Hxfer gehört zur Kategorie der Ewiggestrigen, fasziniert von großdeutschem Gedankengut, Mitglied einer rechtsextremen Burschenschaft, Frontmann eines Parteichefs, der im Neonazi-Sumpf herumgewatet ist, Kandidat einer Partei, die als Sammelbecken von Exnazis entstanden war. Hxfer trägt neuerdings eine Pistole Marke „Glock" mit sich, zumal überall Flüchtlinge lauern (die Hxfer „Invasoren" nennt), von denen manche „bereit" seien, „dir den Kopf abzuschneiden". Vor allem hat der Softie mit der sanften Stimme vor der am Fernsehschirm versammelten Nation ganz offen die ominöse Drohung ausgesprochen: „Sie werden sich noch wundern" (was alles passieren wird, wenn ich zum Bundespräsidenten gewählt werde). Wir werden uns tatsächlich wundern, wenn wir nicht rechtzeitig feststellen, dass ein Wolf, der wie im „Rotkäppchen" Kreide gefressen hat, dennoch ein Wolf bleibt.

Die Plakate zum ersten Wahlgang sind abgeräumt – die Szene wird für den großen Showdown vorbereitet wie im legendären Western „High Noon" mit

Gary Cooper in der Hauptrolle (1952). Da stehen sich unversöhnlich und schussbereit (der eine mit seiner „Glock", der andere mit intellektueller Munition) die beiden Cowboys gegenüber. Während im ersten Wahlgang ziemlich verschiedene politische Standpunkte zur Auswahl standen, hat das österreichische Wahlvolk jetzt zwischen zwei politischen Extremen zu entscheiden, wie nie zuvor in der Geschichte der Zweiten Republik. Das könnte eine Polarisierung der Nation bedeuten, wie sie sich seit Waldheim nicht mehr ereignet hat. Und das Ausland wird nun plötzlich wieder sein Augenmerk auf Österreich richten – schon das Resultat der ersten Runde hat in den wichtigsten Medien weltweit Schlagzeilen gemacht. Van der Bellen wäre, den Titelsong von „High Noon" zitierend, zuzurufen „Do Not Forsake Me Oh My Darlin'" („Lass mich nicht im Stich, mein Liebling") – „I do not know what fate awaits me, I only know I must be brave" („Ich weiß nicht, welches Schicksal mich erwartet, ich weiß nur: Ich muss tapfer sein").

Hofer ante portas?

(5.5.2016)

Ich gebe zu: Ich hatte in meinem letzten Kommentar die Märchen verwechselt. Es war, schon klar, der schlaue Wolf aus den „Sieben Geißlein", der sich bis zur Harmlosigkeit verstellt, indem er Kreide frisst. Und nicht der kaum weniger schlaue Wolf aus dem „Rotkäppchen", der sich ins Bett der Oma legt und als Großmutter verkleidet, um das arme Rotkäppchen irreführen und danach fressen zu können. Eine unverzeihliche Unachtsamkeit. Die einzige Entschuldigung, die mir einfällt: Es ist lange her, dass man mir Märchen vorgelesen hat. Aber Wolf bleibt Wolf, ob mit kreidegedämpfter Wolfsstimme oder Großmutters Betthaube als Tarnung.

Ich entschuldige mich in aller Form bei den offenbar nicht wenigen Lesern, die, als Liebhaber und Kenner alter Märchen, meinen peinlichen Irrtum sofort durchschaut haben – und vor allem jenen, die sich durch meinen letzten, zugegebenermaßen satirisch zugespitzten Kommentar persönlich getroffen fühlten. Mehr noch: Ich habe, ganz ehrlich, volles Verständnis für die Attraktivität des sympathischen (oder zumindest sich sympathisch gebenden) und vergleichsweise jugendlichen Hofer – im Vergleich nämlich zu den alten Damen und Herren Konkurrenten. Schon Jörg Haider, jugendlicher Repräsentant des Austro-Feschismus, hatte stets verächtlich von den „Altparteien" gesprochen, denen er den Garaus machen wollte. Inzwischen haben sich diese selbst den Garaus gemacht, und ihr hilfloses Verhalten nach der Wahlkatastrophe vom 24. April hat diesen Garaus gründlich besiegelt. Dass da viele ihre Hoffnungen auf Hofer setzen, ist durchaus verständlich. Hofer, noch vor kurzem völlig unbekannt, ist mittlerweile in aller Munde und kaum weniger populär als das gleichnamige Lebensmittelgeschäft, in dem wir uns gelegentlich mit Wein und Gemüse eindecken.

Apropos Jörg Haider: Ich hatte da letzte Woche ein Déjà-vu: Auch meine kritischen Kommentare, zu Haider, damals, in der NZZ, vor fünfzehn Jahren, waren auf wütende Reaktionen gestoßen. Damals wurden die Leserbriefe, stets in dem Tenor: „Sie als angeblich seriöser Korrespondent einer angesehenen Zeitung" noch mit zwei Fingern auf Reiseschreibmaschinen getippt,

"Unser neuer Karikaturist: Odin Pammesberger"

heute treffen sie zeitgemäß per E-Mail ein – doch Inhalt und oft hasserfüllter Tonfall sind zum Verwechseln ähnlich: „Wie können Sie es als Schweizer wagen, ‚unseren' Jörg Haider zu verunglimpfen!" Inzwischen hat sich dieser bekanntlich selbst entzaubert; der Rest ist Geschichte. Viele Österreicher tun sich offenbar immer noch schwer mit einer kritischen Presse, mit unbequemen Wahrheiten. Am liebsten will man in der Zeitung das bestätigt finden, was man ohnehin schon immer dachte. Daher der große Erfolg der „Kronen Zeitung" und anderer geistig kleinformatiger Blätter: Dem Volk nach dem Maul reden ist stets lukrativ.

Ich will keineswegs bezweifeln, dass Hofer (dessen Wahlsieg immer wahrscheinlicher wird), einen durchaus wackeren Präsidenten abgeben könnte. Und jenes vielzitierte „Sie werden sich wundern" war ja vielleicht keine ernstzunehmende Drohung, sondern ein ehrliches Versprechen auf bessere Zeiten – wer weiß. Was ich allerdings nicht ganz nachvollziehen kann: Hofer ist Ehrenmitglied der Burschenschaft Marko-Germania (zu Pinkafeld), die sich zum „deutschen Vaterland, unabhängig von bestehenden staatlichen Grenzen" bekennt und „die geschichtswidrige Fiktion einer ‚österreichischen Nation'"

ablehnt, die „seit 1945 (…) in den Gehirnen der Österreicher festgepflanzt"
worden sei. Wenn diese Zitate, aus Quellen des Dokumentationsarchivs des
österreichischen Widerstandes (DÖW), korrekt sind, so fragt sich der biedere
Schweizer ganz naiv, wie einer, der sich zu solchen Prinzipien bekennt, Anspruch darauf erheben kann, die souveräne Nation Österreich als Staatsoberhaupt zu repräsentieren. Also doch ein Wolf im Schafspelz?

„Machtfantasien"

Neue Juden – alte Nazis
(15.10.2015)

Man kann über Heinz-Christian Strache sagen, was man will – aber die brillanten rhetorischen Ideen scheinen dem Exzahntechniker nie auszugehen. Überraschte er noch vor genau drei Jahren am damaligen WKR-Ball die Menschheit mit der Feststellung: „Wir sind die neuen Juden", und fügte der Vollständigkeit halber hinzu, die Angriffe von Demonstranten auf die Burschenschaftler-Buden seien „wie die Reichskristallnacht gewesen", so ließ er sich im Vorfeld des diesjährigen Akademikerballs etwas besonders Kreatives einfallen: Auf seiner Facebook-Seite prophezeite der FPÖ-Obmann: „Am nächsten Freitag werden die Stiefeltruppen der SA wieder durch Wien marschieren." Gemeint waren natürlich nicht die Nazis, sondern demonstrierende Linke.

„Karten sichern"

„Spitzenstimmung auf Österreichs deutschnationalen Bällen"

Na servus. Kommt uns doch irgendwie bekannt vor. Ach ja: „Die Fahne hoch! Die Reihen fest geschlossen! SA marschiert …", und so weiter: „Schon flattern Hitlerfahnen über allen Straßen …". Woher stammen diese Zeilen? Aus dem „Horst-Wessel-Lied", ursprünglich ein Kampflied der SA, später die Parteihymne der NSDAP – verfasst vom SA-Sturmführer Horst Wessel, der durch die nationalsozialistische Propaganda zum „Märtyrer der Bewegung" hochstilisiert wurde. Propagandaminister Joseph Goebbels machte das „Horst-Wessel-Lied" zu einem Instrument des Märtyrerkults um den von Kommunisten erschossenen Autor des hochliterarischen Textes dieses Lieds.

Das Absingen des Horst-Wessel-Lieds ist in Deutschland aufgrund von § 86a Strafgesetzbuch verboten – und in Österreich gemäß § 3 Verbotsgesetz von 1947: In diesem wird unter anderem die Verharmlosung des Nationalsozialismus mit Gefängnis bedroht. Aber wer wird den Herrn Strache gleich ins Gefängnis schicken wollen? Wir verstehen einfach nur seine Art Humor nicht ganz. Natürlich sind seine Leute keine Juden, auch keine neuen – sondern schlicht Opfer der „linkslinken Jagdgesellschaft", und zumal Juden, wie wir

"Zehn Jahre Parteiobmann Strache. Wir gratulieren"

alle wissen, als die Opfer schlechthin zu gelten haben, sind auch die von den Linken erbarmungslos gejagten FPÖler allesamt Juden, und zwar neue. Klar.

Und Strache wollte ja keineswegs das Horst-Wessel-Lied zitieren, als er lauthals verkündete, dass bald „die Stiefeltruppen der SA wieder durch Wien marschieren". Vielleicht träumt er ja insgeheim davon – aber in seinem Facebook-Eintrag machte er deutlich, dass dies nur ein kleiner Strache-Witz war: SA heißt nämlich bei Strache „Soziale Antifa" – und nicht das, was wir alle meinten. Haha.

Der Anti-Antisemit
(8.2.2015)

Alle Achtung und Hut ab: H.-C. Strache bekennt sich knapp vor der Wiener Wahlentscheidung zum Kampf gegen den Antisemitismus. Und keine Minute zu spät: Laut dem aktuellen Bericht der in Wien domizilierten European Union Agency for Fundamental Human Rights (FRA) hat sich die Zahl der in Österreich registrierten antisemitischen Übergriffe im letzten Jahrzehnt von 17 auf 58 mehr als verdreifacht. Relativ wenig, im Vergleich zu anderen europäischen Ländern, doch klarerweise immer noch 58 zu viel.

Im ORF-Programm „Wien heute" vom 1. Oktober warnte Strache gemeinsam mit seiner neuen Kampfgenossin Ursula Stenzel vor „einer gefährlichen Entwicklung, wo (sic!) Menschen aus Regionen kommen, die antisemitische

„Pater Werner erklärt den Unterschied"

43

„One Hit Wonder"

Gedanken mitnehmen und oftmals auch den Staat Israel vernichten wollen".
Man müsse Angst haben, dass hier ein neuer Antisemitismus entstehe. „Wir
haben eine besondere Verantwortung, dass nie wieder Juden, aber auch andere
Menschen hier in Wien aufgrund ihrer Religion Angst haben müssen und
attackiert werden." Gut gebrüllt, Löwe.

Gilt bald auch für Österreich, was der Community Security Trust (CST)
für das Vereinigte Königreich feststellt, wo sich antisemitische Übergriffe im
vergangenen Jahrzehnt von 552 auf 1168 mehr als verdoppelt haben? Diese
Attacken gingen vor allem auf das Konto von Neonazis, Rechts- und Links-
extremen sowie muslimischen Fundamentalisten. In Großbritannien stellen
die Muslime 2,7 Prozent (1,6 Millionen) der insgesamt 60,5 Millionen zäh-
lenden Gesamtbevölkerung; jüdischen Ursprungs sind lediglich 0,5 Prozent
oder knapp 270.000 Personen. In Österreich bekannten sich bereits im Jahr
2011 6,2 Prozent der 8,5 Millionen Einwohner zum Islam – naturgemäß eine
weit geringere Gesamtzahl als in Großbritannien, aber ein deutlich höherer

Bevölkerungsanteil. Der Prozentsatz wird sich künftig weiter vergrößern. Die jüdische Bevölkerung Österreichs hingegen beläuft sich auf einige Tausend Personen – somit rund ein Promille der Gesamtbevölkerung.

Dass sich Strache ausgerechnet eine Jüdin als Walküre für die Endschlacht um Wien ins Boot geholt hat, ist bemerkenswert. Zumal Stenzel ihre jüdische Identität bisher immer als Argument gegen die FPÖ eingesetzt hatte – und diese jetzt in einer spektakulären Kehrtwendung just als Argument für die angebliche Respektabilität und somit Wählbarkeit der Freiheitlichen missbraucht. Straches eigene Leistungen im Kampf gegen den Antisemitismus sind allerdings beachtlich: Abgesehen von seinen zahlreichen und aktenkundigen Kontakten zur Neonazi-Szene setzte er beim Besuch der Jerusalemer Holocaust-Gedenkstätte Yad Vashem als Kopfbedeckung ostentativ seinen Burschenschaftler-„Bierdeckel" auf – ein Symbol rechtsextremer Umtriebe und somit eine offene antijüdische Provokation. Und mit seinem dummdreisten Aussprüchen von den „neuen Juden" und „das war wie die Reichskristallnacht" anlässlich des Wiener Korporationsballs im Januar 2012 verhöhnte er schamlos sämtliche Holocaust-Opfer. Strache als Anti-Antisemit? Das hieße, den Teufel mit dem Beelzebub austreiben. Die Motivation für Straches neu entdeckte projüdische Haltung ist jedenfalls durchschaubar. Auf dem Weg zur Macht benötigt er Respektabilität. Und dazu gehört, Antisemitismus samt Nazi-Mief über Bord zu werfen. Wie es aber in den Hinterzimmern und den Burschenschaftler-Buden tönt, kann man nur vermuten.

Turteltauben
(24.9.2015)

Was tut man nicht alles aus Liebe. Und sei's „aus Liebe zu Wien". Sie, „une femme d'un certain âge" – eine Frau von einem gewissen Alter, wie die Franzosen charmant sagen, wirkt auf den Plakaten am Rande des Wiener Gürtel mindestens zwanzig Jahre jünger, hat ein verschmitztes (verliebtes?) Lächeln aufgesetzt, und er lässt strahlend weiße Zähne blitzen: ein Traumpaar. Zweiter Frühling. Statt der leicht miefigen Volkspartei die dynamischen, erfolgversprechenden Freiheitlichen. Galant der junge Liebhaber H-C, unverkennbar glücklich (und wohl auch ein bisserl geschmeichelt) an der Seite ihres jugendlichen Galans die Uschi.

„Da Hofer war's"

„Der FPÖ-Kandidat kämpft noch mit seinem Bekanntheitsgrad"

Und sie kommt, im wörtlichen und im metaphorischen Sinne, zum Hand-kuss: Umsonst gibt's nix, weder im Leben noch in der Liebe – und schon gar nicht in der Politik. Die Uschi muss liefern. Der FPÖ. Dem Strache. Als Mor-gengabe, gewissermaßen. Bürgerliche Wähler aus der vornehmen Innenstadt der Donaumetropole, „upper middle class" im betuchten Wiener Gemein-debezirk der Donaumetropole, wo die Ursula Stenzel als Bezirksvorsteherin wirkt und wo sich ihre Anhänger bisher im Schoße der ÖVP-Geborgenheit wohlgefühlt hatten. Das soll nun anders werden. Mit ihrem Flirt hat sie, ein politisches Chamäleon, nicht nur die Farbe gewechselt, von düsterem Schwarz zu leuchtendem Blau – sondern, wie doch zu vermuten ist, auch die Gesin-nung.

Die Verlobung mit H-C ist auf Signalwirkung angelegt: Die Freiheitlichen seien nunmehr salonfähig geworden, wählbar selbst für die vornehme Bürger-schicht im Herzen Wiens. Und die Verunsicherung, welche die immer noch anhaltende Flüchtlingswelle auslöst, erhöht die Versuchung, es mal mit Stra-che zu versuchen. Wer weiß – vielleicht hat er eine Antwort, wo alle anderen

Politiker nur Ratlosigkeit an den Tag legen. Schlimmer kann's ja nicht mehr werden. Kein Wunder, plakatiert die FPÖ selbstzufrieden über dem Konterfei von Ursula Stenzel: „Besser geht's nicht". Dem ist kaum zu widersprechen. Ein besserer Fang konnte dem Strache kaum ins Netz gehen – da spielt man gern den galanten Liebhaber, Altersunterschied hin oder her.

Doch vor der Wiener Wahl kommt der Urnengang in Oberösterreich, wo die Freiheitlichen ihren steilen Aufstieg in sämtlichen Meinungsumfragen in die harte Währung von Wählerstimmen ummünzen werden. Sie werden die SPÖ vom zweiten Platz verdrängen und der ÖVP einige Stimmenprozente wegnehmen. Pühringer hat sich alles offengehalten und an die Stelle des (langjährigen, erfolgreichen) Bündnisses mit den Grünen könnte das Experiment ÖVP-FPÖ treten, mit dem man unter Kanzler Schüssel bekanntlich so seine Erfahrungen machte. Nicht nur die Uschi hat entsprechende Signale ausgesendet – zuvor auch der SPÖ-Landeshauptmann Niessl im Burgenland. In der Not frisst der Teufel Fliegen – und hehre politische Ideale gelten bekanntlich nur bei Schönwetter.

Die Versuchung
(9.6.2015)

Unwillkürlich sehe ich das Bild „Die Versuchungen des heiligen Antonius" vor meinem inneren Auge – dessen Versuchungen durch irdische Lüste und die Peinigungen durch den Teufel und seine Dämonen –, ein beliebtes, weil äußerst dramatisches Thema der Malerei seit dem Mittelalter, vom berühmten Isenheimer Altar über Hieronymus Bosch bis hin zu Max Ernst und Salvador Dalí. Allerdings handelt es sich bei dem durch Lüste, Teufel und Dämonen Versuchten nicht um einen Heiligen, sondern um den scheinheiligen Wolfgang, den unheiligen Hans und den unseligen Norbert. Und die lustvoll-dämonische Versuchung lässt sich mit einem Begriff umschreiben: Macht. Da

„Pakt mit dem Bösen (Burgenländische Variante)"

49

die drei ganz und gar keine Heiligen sind, geben sie der teuflischen Versuchung ohne Zögern nach.

Schon Wolfgang Schüssel ging den Teufelspakt mit der FPÖ ein – und erkaufte sich damit den Kanzlerposten. Hans Niessl hat das diabolische Bündnis mit den Rechtspopulisten geschlossen, weil er sich nach den herben Stimmenverlusten im jüngsten Urnengang dagegen absichern wollte, als Chef der führenden Partei im pannonischen Bundesland schmachvoll auf der Oppositionsbank zu landen. Die burgenländische SPÖ hat damit, ganz nebenbei, die eigene bräunliche Vergangenheit eingeholt. Und Norbert Darabosch, glückloser Verteidigungsminister und glanzloser SPÖ-Bundesgeschäftsführer, kehrt als Landesrat in einer rot-blauen Koalitionsregierung und potenzieller Niessl-Nachfolger in seine burgenländische Heimat zurück – nachdem er sich doch bis jetzt so konsequent von der ausländerfeindlichen FPÖ distanziert hatte.

Opportunismus also, wohin man auch blickt, um des Macherhalts und des Machtgewinns willen, als Partei oder Person – hehre Grundsätze werden dafür über Bord geworfen und Grundsatzbeschlüsse, wie insbesondere jene SPÖ-Parteitagsbeschlüsse von 2004 und 2014, wonach es keine Koalition geben dürfe „mit der rechtspopulistischen FPÖ", und dies „auf allen politischen Ebenen". Jenes Prinzip war das Papier nicht wert, auf dem es niedergeschrieben wurde – und auf der Strecke bleiben die kümmerlichen Reste an Glaubwürdigkeit der roten Regierungspartei und des letzten Anflugs von Autorität des roten Parteichefs und Kanzlers.

Notgedrungen nehmen in der Bevölkerung Desorientierung und Politikverdrossenheit zu. Und die FPÖ erhält jetzt, mit diesem Legitimierungsschub, deutlich Auftrieb: vom Schmuddelkind zum Regierungspartner. Die erneute Versicherung des SPÖ-Parteipräsidiums, dass es auf Bundesebene keine Koalition mit den Freiheitlichen geben werde, klingt nunmehr ebenso hohl wie die Empörung und die scharfe Kritik der Volkspartei über den rot-blauen Pakt im Burgenland. Schon vergessen? War es denn nicht just die ÖVP, die unter Schüssel genau jenen Tabubruch begangen hatte – mit den bekannten verheerenden Folgen? Der Theaterdonner der ÖVP wird ungehört verhallen, diejenigen, die als Lachende Dritte vom burgenländischen Tabubruch profitieren, werden die Wiener Grünen sein. Das weiß natürlich der alte Fuchs Häupl ganz genau, und deshalb schäumt er ob des Fehltritts seines Genossen Niessl – was ihm allerdings nichts nützen wird.

Ein Wintermärchen
(5.11.2015)

„Der Schoß ist fruchtbar noch, aus dem das kroch" – Zitat aus Bertold Brechts großartiger Hitler-Parodie „Der aufhaltsame Aufstieg des Arturo Ui", das die Metamorphose des bedeutungslosen Versagers Adolf Hitler – „Arturo Ui" als Parabel ins Gangstermilieu von Chicago transponiert. Die mahnende Sentenz Brechts aus dem Jahr 1941 ist, leider, gerade heute wieder höchst aktuell – in Österreich, Deutschland und auch anderswo. Die jüngste Affäre um den üblen antisemitischen Ausbruch der (inzwischen ehemaligen) FPÖ-Abgeordneten Susanne Winter zeigt dies mit aller Deutlichkeit: Es ist nicht das erste und wird voraussichtlich auch nicht das letzte Mal sein, dass FPÖ-Politikern (und nicht nur diesen) öffentlich und an den Stammtischen übelste antisemitische oder rassistische Jauche aus den Mündern, aus der Feder oder den Laptops quillt. Derartige Vorfälle wiederholen sich mit statistisch erfassbarer Regelmäßigkeit und sind ganz offensichtlich immanent in dieser Partei und wohl auch in der Wählerschaft, welche an den Urnen über solche Dinge hinweggeht – wenn nicht gar gutheißt. Dass der niederösterreichische FPÖ-Chef Christian Höbart trotz seines zynisch-arroganten Postings zum Thema Flüchtlinge („eine Bootsfahrt, die ist lustig") FPÖ-Amtsträger bleibt, sagt alles: Antiislamismus, Stimmungsmache gegen Flüchtlinge ist dem Rechtspopulismus der FPÖ höchst willkommen, Antisemitismus ist neuerdings strategisch inopportun und unbequem, zumal sich damit gegenwärtig (vorübergehend?) kaum mehr Wählerstimmen generieren lassen. Doch, man täusche sich nicht: Der Schoß ist fruchtbar noch.

Vieles hat sich in den letzten Jahren erfreulich geändert in diesem Österreich. Mit der klaren Stellungnahme der sozialdemokratischen Nationalratspräsidentin Doris Bures („Gerade vor dem Hintergrund der österreichischen Geschichte sind wir gefordert, antisemitischer Hetze mit aller Entschiedenheit entgegenzutreten") stellt sie sich moralisch an die Spitze dieser Nation. Äh – vermissen wir da nicht eine ebenso deutliche Wortmeldung des Heinz Fischer, der sich als Bundespräsident zu dieser alles andere als parteipolitischen, sondern die Grundprinzipien der Verfassung tangierenden Angelegenheit ex officio zu äußern hätte?

Selbst die „Kronen Zeitung", die zu Dichands Zeiten – weil offenbar ihrer Kernleserschaft wohlgefällig – noch ungeschminkte antijüdische Hetze betrieben hatte, gibt sich inzwischen in Sachen Antisemitismus geläutert und kommentiert: „Gewissermaßen" müsse man der Frau Winter sogar dankbar sein, wenn sie das „alte antisemitische Vorurteil" verbalisiert und damit „alle Zweifel beseitigt" habe, wofür sie und „offenbar ein Teil der FPÖ" stünden. Dass diese Frau weiterhin im Nationalrat sitzen kann, ist ebenso zweifelsfrei eine Schande für diese Nation.

Ein Mölzer – ein Wort

(10.4.2014)

Ein Mann – ein Wort. Wenn Mölzer „Neger" sagt, meint er „Neger". Und wenn er das „Dritte Reich" als im Vergleich zum „Negerkonglomerat EU" als „wahrscheinlich formlos und liberal" bezeichnet, so verunglimpft er nicht nur die EU mit einem krass rassistischen Unterton – er verharmlost gleichzeitig auch den Nationalsozialismus. Wenn er uns dann aber in einem linkischen Rückzieher erklärt, wir alle hätten uns verhört, denn er habe statt „Negerkonglomerat" bloß von einem „nekrophilen Konglomerat" gesprochen, beleidigt er nicht nur das Gehör, sondern auch den gesunden Menschenverstand einer ganzen Nation. Ein Mölzer – ein Wort ? Ein Mölzer – eine Ausflucht. Und eine läppische noch dazu.

Ich selbst hatte vor Jahren das zweifelhafte Vergnügen, wegen eines einzigen Wortes (in einem NZZ-Artikel) von demselben Mölzer vor Gericht gestellt zu werden. Die Zivilklage endete mit einem Vergleich, die Strafklage damit, dass Mölzers Anwalt drei Minuten nach Prozessbeginn noch immer nicht da war, die Richterin die Sache für beendet erklärte – Kosten zulasten des Klägers (Mölzers). Dessen Anwalt meldete sich kurz danach mit dem Vorschlag, wir sollten uns doch die Prozesskosten teilen. Was nicht geschah.

Dass FPÖ-Chef Strache lange herumlavierte und erst auf zunehmenden Druck der Öffentlichkeit seinen alten Mitstreiter Mölzer fallen ließ, bot ein erbärmliches Bild – zumal nicht der offene Rassismus in Mölzers Wortwahl und schon gar nicht die Verharmlosung des NS-Staates den zögernden Strache handeln ließ, sondern die Verunglimpfung des „pechrabenschwarzen" David Alaba. Fußball ist eben heilig und Fußballstars sind Götter, die man nicht ungestraft schmäht – zumal Strache bei den Jungwählern punkten will.

Mölzer wollte nicht vor der „Hetze einer ultralinken Jagdgesellschaft" kapitulieren, wollte „nicht kampflos wie die Dirn vom Tanz gehen" – doch der kampflustige Recke musste dennoch sang- und klanglos abtreten. Worte sind Waffen, sagte Kurt Tucholsky. Mölzers Waffen mögen stumpf sein, und Mölzers intellektuelles Potenzial als „Chefideologe" des rechten FPÖ-Flügels ist eher bescheiden. Dennoch – der Mann ist und bleibt gefährlich, er repräsen-

53

tiert eine unappetitliche und geistig anspruchslose Fraktion in der FPÖ (und in dieser Nation), die zu ihm als „Vordenker" aufschaut.

In Ungarn erhielt die offen rassistische, antisemitische Jobbik ein Fünftel der Wählerstimmen, bei den Jungen war sie sogar Nummer eins. Umso wichtiger, dass das Nachbarland Österreich jetzt klare Zeichen setzt.

Keep Digging!
(14.4.2016)

Wenn man nicht weiß, wer der „alte Cowboy" Will Rogers (geboren 1879) war, braucht man sich nicht zu schämen. Empfehlenswert wäre es allerdings, den berühmten, ihm zugeschriebenen Ausspruch zu kennen – und vor allem zu beherzigen: „If you find yourself in a hole, stop digging" („Wenn du dich in einem Loch befindest, hör auf zu buddeln"). Genau diesen Spruch sollten sich die Regierungsparteien ÖVP und SPÖ hinter die Ohren schreiben: Beide ehemaligen Groß- und inzwischen nur noch „Mitteparteien" befinden sich in einem Umfrageloch und buddeln fröhlich weiter. Wie lange noch? Bis sie in Australien ankommen?

„Kurskorrektur?"

KHOL GIBT DIE NEUE LINIE VOR...   MIKL PRÄSENTIERT DAS NEUE LOGO..

SEBASTIAN KURZ ÜBER-
NIMMT IHRE FRISUR

UND MITTERLEHNER KRIEGT
EINEN NEUEN NAMEN

„Die neue ÖVP"

Erwin Pröll, der starke Mann in Nieder- und überhaupt Österreich hat mit seiner Hauruckaktion genau zwei Wochen vor den Präsidentenwahlen dem Image seiner Partei und insbesondere dem Präsidentschaftskandidaten dieser Partei einen Dolchstoß in den Rücken versetzt – aus persönlichem politischen Kalkül, zweifellos, aber was steckt da noch dahinter? Pröll, dieses „political animal", tut nichts unüberlegt und spontan. Davon kann man ausgehen. Als er in letzter Minute seine Präsidentschaftskandidatur absagte und es zuließ, dass der weitgehend chancenlose Khol ins Feld geschickt wurde, waren seine Motive durchschaubar: Er wollte, am Ende seiner grandiosen politischen Laufbahn, keine Niederlage riskieren. Er wollte als erster Mann von Niederösterreich in die Geschichte eingehen und nicht, womöglich, als zweiter Mann in Präsidentenwahlen scheitern. Aber weshalb er die von ihm inszenierte Rochade ausgerechnet zu diesem denkbar ungünstigen Zeitpunkt durchgezogen hat und seinem Parteifreund Khol auch noch die letzten Wahlchancen nimmt (und Parteichef Mitterlehner de facto entmachtet) ist schleierhaft. Ein Racheakt? Politische Sabotage? Eine Palastrevolte, die den Hoffnungsträger Kurz an die Macht bringen soll? Vielleicht werden wir es eines Tages erfahren.

Symmetrie und Gleichzeitigkeit sind verblüffend: Ebenso wie St. Pölten das wahre Machtzentrum der ÖVP, ist Wien jenes der SPÖ – und ebenso wie Vizekanzler und Parteichef Mitterlehner beim Koalitionspartner wird Kanzler und Parteichef Faymann von der eigenen Partei desavouiert. In diesem Falle geht es um die Flüchtlings- und Asylpolitik, das Thema Nummer eins der österreichischen Innenpolitik und somit, neben der Persönlichkeit der Kandidaten, der wichtigste Faktor beim bevorstehenden Urnengang. Hier wird, schön symmetrisch, der sich ebenfalls im Umfragetief befindende Kandidat Hundstorfer ebenso indirekt aber nachhaltig geschwächt wie sein Widersacher Khol. Falls der nächste Bundespräsident Hofer heißen sollte – mit dem ganzen Katastrophenszenario, das man sich gegenwärtig nur ausmalen kann, dann denkt man fast wehmütig an den guten Rat des Will Rogers: „Stop digging".

Öbama
(21.4.2016)

„Öbama" steht unter dem (künstlerisch verfremdeten) Porträt des Präsidentschaftskandidaten Alexander Van der Bellen auf einer jener Ansichtskarten, die
in Kaffeehäusern und Restaurants in Kartenständern zur freien Entnahme liegen. „Öbama" ist nicht nur ein witziges Wortspiel – dahinter verbirgt sich eine
bemerkenswerte Aussage: VDB sei für viele (wie viele wird sich am kommenden
Sonntag weisen) ein Hoffnungsträger à la Barack Obama, der am 20. Januar
2009 mit 48 Jahren als erster dunkelhäutiger Präsident der Vereinigten Staaten
vereidigt wurde. VDB als Bundespräsident würde ebenfalls eine, wenngleich
nicht ganz so dramatisch hochgelegte Schranke überwinden und ein Tabu bre-
chen: Er wäre das erste österreichische Staatsoberhaupt, das nicht einer der bei-

„Der Beginn der M.P.-Serie"

„Mein Geheimplan: Abschaffung durch ‚Ausschleichen‘"

den großkoalitionären „ewigen" Regierungsparteien angehörte, sondern (trotz formaler Unabhängigkeit) das Etikett einer eher jungen, eher „linken" Partei, der Grünen, trägt. Und auch VDB verkörpert in all seinen Wahlkampfbotschaften das optimistisch-pragmatische „Yes We Can", das Obama zu seinem erfolgreichen Wahlkampfslogan gemacht hatte. Obwohl VDB wohlweislich den durch Merkels umstrittene Flüchtlingspolitik ziemlich desavouierten Spruch „Wir schaffen das!" – die deutsche Version von Obamas Slogan – sorgsam meidet.

„Öbama" als Hoffnungsträger à la Obama? Für die vielleicht wichtigste Wählergruppe – was Alter und Bildungssubstanz anbelangt – scheint dies laut der aktuellen Umfrage des Österreichischen Instituts für Jugendforschung der Fall zu sein: Die Mehrheit der Jugendlichen unter dreißig, nämlich 42 Prozent, spricht sich für VDB aus. Bemerkenswert ist allerdings, dass VDB in den höheren Bildungsschichten zu 54 Prozent ankommt – in den niedrigeren nur zu 28 Prozent, der FPÖ-Kandidat Hofer hingegen erreicht dort den Spitzenwert von 36 Prozent. Ganz klar (und zu erwarten): VDB mit seinen liberalen und differenzierten Botschaften hat bei den Gebildeten Erfolg, je geringer die (politische und generelle) Bildung, desto stärker die Anfälligkeit für die billigen Slogans der Rechtspopulisten. Dass „Kasperl" Lugner bei sämtlichen Jugendlichen als bekanntester Kandidat figuriert, ist zwar irgendwie amüsant, doch gleichzeitig auch erschütternd.

Notabene: 80 Prozent sind für Beibehaltung des Amtes des Bundespräsidenten und zwei Drittel stört das fortgeschrittene Alter der Kandidaten nicht. Ganz im Gegenteil. Denn ganz besonders VDB mit seiner ruhigen, überlegten und zurückhaltenden Art, der nach eigenen Aussagen den „Ängsten und Sorgen" der Österreicher mit einer Mischung aus „Verstand, Mut und Zuversicht" begegnen will, eignet sich für die Mehrzahl der Jugendlichen nicht nur als Hoffnungsträger, sondern zugleich auch als Vaterfigur.

Bellen in Brüssel

(17.3.2016)

Während Bundeskanzler Faymann wie ein Fähnchen im Wind flattert und die Richtung ändert, wenn der Wind sich dreht, hält Alexander Van der Bellen unbeirrt seinen Kurs: Vor einer Woche hatte ich das Vergnügen und die Ehre, den Bundepräsidentschaftskandidaten als Moderator nach Brüssel zu begleiten, wo er vor EU-Korrespondenten, EU-Diplomaten und Funktionären sowie EU-Beamten oder im Umfeld der EU sprach. Der Zeitpunkt dieses (vom vollbesetzten Saal nachhaltig beklatschen) Auftritt war in doppelter Hinsicht bemerkenswert. Insbesondere angesichts der Flüchtlingskrise, die vor einer Woche ihren Zenit erreicht hatte, aber auch angesichts der Publikation der letzten „Eurobarometer"-Umfrage der EU-Kommission, nach der die Österreicher europaskeptischer denn je auftreten: Lediglich 13 Prozent billigen der EU zu, die Dinge in die richtige Richtung zu lenken, und inzwischen nicht einmal jeder vierte Österreicher, nämlich nur noch 23 Prozent, billigt

„Sehr überzeugend" (7.3.2016)

61

„EU-Seilschaft am Gipfel" (8.3.2016)

der EU ein positives Image zu. Damit stehen die Österreicher in puncto Europaskepsis an zweiter Stelle – hinter den Griechen und den Zyprioten. Zum TTIP-Handelsabkommen zwischen der EU und den USA stehen die Österreicher mit ihrer Zustimmung (22 Prozent) an letzter Stelle sämtlicher 28 EU-Mitgliedsnationen.

Van der Bellen ist bekanntermaßen ein kompromissloser Europäer – und doch steht er, trotz Euroskepsis der Österreicher, bei den Meinungsumfragen seit Wochen klar an der Spitze unter den fünf (ernstzunehmenden) Präsidentschaftskandidaten. Das zeigt vor allem eines: Wenn man zu seiner Meinung steht, kann man durchaus die Gunst des Volkes gewinnen – selbst wenn dieses mehrheitlich anderer Meinung ist.

In Brüssel warnte Van der Bellen vor einem „Zerbröseln" der EU vor dem Hintergrund der Flüchtlingskrise. Die Rückkehr zu den alten Grenzzäunen sei in jeder Hinsicht – auch wirtschaftspolitisch – ein großer Fehler. Als Staatsoberhaupt werde er dazu beitragen, „den Verfall zu stoppen". Er wolle verhindern, dass wir nicht „wie Schlafwandler" diesem Verfallsprozess zuschauen, der uns zwanzig Jahre zurückwerfen werde – eine Anspielung auf den berühmten Satz des Historikers Christopher Clark, Europa sei 1914 wie ein

..."EIN GROSSES FRIEDENSPROJEKT?" ..."EINE CHLOR-HENDLBRATEREI? ...EIN BÜROKRATEN PARADIES?

... EINE GIFTKÜCHE? ...DIE HÖLLE! ...DER HIMMEL!

„Die EU ist ..."

Schlafwandler in den Ersten Weltkrieg gezogen. Ursächlich hinter der europäischen Flüchtlingskrise verortet Van der Bellen ein institutionelles Problem: Staats- und Regierungschefs stellten stets die Interessen ihres Landes vor jene der Union – „ein gewachsenes Rezept für Handlungsunfähigkeit". Da sei es geradezu ein Wunder, „dass das Ding überhaupt existiert".

Das schwerwiegende institutionelle Problem sei das zunehmende politische Gewicht des Europäischen Rates auf Kosten der EU-Kommission. Im ursprünglichen Entwurf für die EU-Verfassung sei der europäische Bürger der Souverän gewesen – seit dem Lissabon-Vertrag sind es aber die Mitgliedstaaten. Van der Bellens Vision: eine gegenüber dem Europäischen Parlament verantwortliche EU-Regierung. Jene, die zum alten Nationalstaat zurückwollten, würden eine „Verzwergung" in Kauf nehmen; sie „übersehen vollkommen, dass wichtige politische Fragen nur noch transnational gelöst werden können – oder gar nicht". Offen kritisierte er die Nichteinladung Griechenlands zum kürzlich in Wien abgehaltenen Balkan-Flüchtlings-Gipfel: „Da stimmt etwas nicht mit der österreichischen Diplomatie!" Shakespeare würde sagen: Gut gebellt, VDB.

Der Streichelzoo

(18.2.2016)

Mausi, Bambi, Kolibri, Katzi und Spatzi – jedes Kind kann sie im Schlaf hersagen, die Namen jener kuscheligen Streicheltiere, an deren Seite Bundespräsidentschaftskandidat Richard Lugner sich seinen Wählern (und künftigen Untertanen) schon präsentiert hat. Dieses fortschrittliche Frauenbild und, vor allem, diese so vielgelebte Tierliebe muss unbedingt honoriert werden – das sage ich als langjähriger Königspudelbetreiber. Und als großer Liebhaber des Kabaretts und der Satire: Lugners bisherige Fernsehauftritte mögen insgesamt eher peinlich gewesen sein und seine alljährlichen Opernball-Logen-Inszenierungen etwas aufgesetzt – doch das Spatzi-Cathy-Richard-Wahlvideo übertraf wahrlich alles, was ich in der Sparte satirische Kleinkunst je zu Gesicht bekam, inbegriffen Andreas Khols berührenden Wahlkampfauftritt als Gollum. Einfach souverän, wie die 26-jährige Cathy einer faszinierten Nation eiskalt vorrechnete, dass das Durchschnittsalter des Lugner-Teams lediglich 54 Jahre betrage und somit deutlich unter jenem der betagten Gegner liege (das Gesamtalter der Lugners beläuft sich hingegen auf 109 Jahre). Als ich mir allerdings das Lugner'sche Wahlvideo mit Mörtels nicht enden wollendem Monolog zu Gemüte führte, bemerkte die vierjährige Tochter einer englischen Bekannten mit bedrohlichem Unterton: „Can you stop this please, it's giving me a headache" („Kannst du das bitte abschalten, es macht mir Kopfweh").

„Kinder und Narren …", wie der Volksmund sagt. Lugner bezeichnet sich selbst als Kasperl – und er steht dazu. Kandidierende Komiker gab es schon manche, zwei von ihnen waren weit über die Landesgrenzen hinaus berühmt – und beide starben eines tragischen Todes. Der Franzose Coluche (Michel Gérard Joseph Colucci) hatte 1980 angekündigt, aus Protest gegen die politischen Zustände für das Präsidentenamt zu kandidieren – nach Umfragen hätte er, der in seinen Wahlveranstaltungen splitternackt und in gelben Schuhen auftrat, vorne eine Trikolore-Schleife umgebunden, hinten einen französischen Hahnenschwanz eingesteckt, immerhin 16 Prozent der Wählerstimmen erhalten. Die Zeitung „Liberation" nannte Coluche den „Narren der Repu-

"Serie: ,Die erschütternde Vergangenheit der Kandidaten': Lugner"

blik". Sein mindestens so exzentrisches englisches Pendant Screaming Lord Sutch, Third Earl of Harrow, dessen Plattenalbum von der BBC zur „schlechtesten Platte aller Zeiten" gekürt wurde, gründete 1983 die Official Monster Raving Loony Party (Offizielle Partei der wahnsinnigen Geistesgestörten), trat bei vierzig englischen Wahlen an – unter anderem mit der Forderung, auf dem EU-Butterberg eine Skipiste anzulegen.

Wogegen oder wofür das Team Mörtel-Spatzi steht, ist nicht ganz klar – außer natürlich fürs eigene Ego (wofür statt der Hofburg die Opernball-Loge hinlänglich ausgereicht hätte). Coluche kam im Juni 1986 bei einem Unfall auf einem seiner geliebten Motorräder ums Leben, Lord Sutch erhängte sich 1999. Böse Zungen prophezeien Richard Lugner ebenfalls ein vorzeitiges Ableben – nach Einnahme einer Überdosis Viagra.

Nächsten- oder Fernstenliebe?

(4.2.2016)

Die Wahrheit, so lautet bekanntlich Andreas Khols liebster Sinnspruch, sei eine Tochter der Zeit. Das könnte durchaus von ihm sein, ist es aber nicht. Diese Sentenz hat nicht er erfunden, sondern der römische Schriftsteller Aulus Gellius („veritatem temporis filiam esse dixit"). Weise Erkenntnis oder blanker Zynismus? Je nachdem. Absolute Wahrheit gibt es nicht. „Die Wahrheit" ist relativ, sie ist stetigen Veränderungen unterworfen – oder aber nach Bedarf manipulierbar. Andreas Khol ist ein bekennender Christ – und auch, je nachdem, ein begnadeter Sophist. Sophistik ist die rhetorische Kunst, „durch falsche Dialektik das Wahre mit dem Falschen zu verwirren". Es ist kein anderer als der Teufel selbst, in Gestalt des Mephistopheles, der in Goethes „Faust" bemerkt: „Mit Worten lässt sich trefflich streiten, an Worte lässt sich trefflich glauben" – und der zum Zyniker gewordene Hamlet bringt es noch knapper auf den Punkt: „Words, words, words, nothing but words".

Als Khol Mitte letzten Monats an der ÖVP-Klubklausur in Bad Leonfelden behauptete, er sei „ein Freund der Nächstenliebe", diese dann aber im nächsten Atemzug mephistophelisch umdeutete in: „Wir müssen zuerst auf unsere Leut' schauen", denn: „Charity begins at home", und Nächstenliebe könne nicht nur „Fernstenliebe" sein, mutierte er vom überzeugten Christen zum virtuosen Sophisten (Christoph Kardinal Schönborn war nicht gerade erfreut). Wir erinnern uns: Der damalige ÖVP-Staatssekretär Sebastian Kurz hatte 2013 gemeinsam mit Vertretern der Wirtschaft für eine „Willkommenskultur in Österreich" geworben und Ende 2014 als Außen- und Integrationsminister die Kampagne „Zusammen: Österreich" unter dem Motto „#stolzdrauf" lanciert – weil, wie Kurz damals erklärte, „wir zu wenig Willkommenskultur haben".

Inzwischen ist die Stimmung gekippt, das Blatt hat sich gewendet: Anfang dieses Jahres sondierte die ÖVP auf ihrer Webseite die Tendenzen im Publikum: Gerade einmal 9,9 Prozent der Teilnehmer votierten für die Option, „Willkommenskultur pflegen und die Flüchtlinge bestmöglich unterbringen", über 47 Prozent hingegen forderten, die europäischen Grenzen abzusichern und Asylverfahren an die EU-Außengrenzen zu verlagern. Ende der Nächs-

IS' DAS „SCHWARZBLAUER-UNGUSTL"-IMAGE SCHON WEG??

STAATS MANN

„Fast" (14.3.2016)

tenliebe. Und der ÖVP-Präsidentschaftskandidat Khol muss sich, eh klar, nach der Stimmung im Volke richten, wenn er dessen Stimmen will. Also die politisch-populistisch-sophistisch-mephistophelische Umdeutung des christlichen Zentralbegriffs „Nächstenliebe". Denn die Wahrheit, wie gesagt … Aber das wissen Sie ja bereits.

Der Ersatzspieler
(14.1.2016)

Andreas Khol ist, um es mit Shakespeare zu sagen, gewiss ein ehrenwerter Mann. Weit mehr als das: Manfried Welan hält den habilitierten Verfassungsrechtler Khol für einen hervorragenden Repräsentanten dieser Disziplin. Und dass Khol als Nationalratspräsident trotz gelegentlicher Entgleisungen („wunderschöne Marxistin" Glawischnig) virtuos das zweithöchste Staatsamt bekleidet hatte, ist eine Tatsache. Ebenso Faktum ist allerdings, dass Khol der Architekt der schwarz-blauen Koalition war, dieser Nation eine Suppe eingebrockt hatte, an der sie heute noch widerwillig zu löffeln hat. Korruption und Inkompetenz waren bekanntlich der politische Kaufpreis der Steigbügelhalter des Kanzlers Schüssel.

Dass Andreas Khol als Präsidentschaftskandidat der ÖVP lediglich der „Plan B" war und nun als „zweite Wahl", als Ersatzspieler für Pröll ins Spielfeld geschickt wird, gibt man bei der ÖVP unumwunden zu. Das „schleckt keine Geiß weg", wie der kernige Tiroler Khol selbst es wohl formuliert hätte. Pröll lag, falls dies unter erheblichen physischen Verrenkungen überhaupt möglich wäre, „die Partei zu Füßen", und gleichzeitig wurde er „bekniet", als Kandidat anzutreten. Doch Pröll, dieses zweifellos instinktsicherste „political animal" der ÖVP, blieb stur: Ein Pröll tritt nur an, wenn ihm der Sieg gewiss ist. Er hält es da mit Julius Caesar, der bekanntlich laut Plutarch gesagt haben soll, er sei „lieber der erste Mann in diesem Dorf" (gemeint war offenbar das französische Dorf Aups im Departement Var) „als der zweite Mann in Rom". Das Dorf heißt hier Niederösterreich, und Rom wäre dann die Wiener Hofburg.

Armin Wolf konfrontierte im ORF den frischgebackenen Kandidaten Khol mit, wie er warnte, „ziemlich uncharmanten" Zitaten zu Andreas Khol: „Kein erster Mann, zu kantig, zu grob, zu tirolerisch, zu direkt, zu unsympathisch – Sachkunde und Erfahrung, aber nicht mehrheitsfähig". Die Pointe: Diese Adjektive stammten von niemand anderem als Khol selbst (in einem Interview 2001). Ganz anders heute die Selbsteinschätzung Khols in seinem – fast penetrant präsidial aufgezogenen – Youtube-Wahlvideo. Die Wahrheit ist für Khol, wie sein berühmtester Ausspruch lautet, „eine Tochter der Zeit".

KHOL KOMMT IN DIE HOFBURG   GOTT KOMMT IN DIE VERFASSUNG

DJANGO KOMMT IN DEN PORSCHE   SCHÜSSEL KOMMT IN DEN VATIKAN

„Der ÖVP-Geheimplan"

Inzwischen billigt sich Khol nämlich die „Weisheit des Alters" zu. Dennoch: Zu schwarz-blau sagt Khol rückblickend: „Je ne regrette rien" (rien!!), und er schlösse insbesondere nicht aus, den gefährlichen Rechtspopulisten Strache als Regierungschef zu vereidigenanzugeloben.

Mit der Nominierung Khols hat die ÖVP ihr selbst gesetztes Ziel, „jünger, moderner und weiblicher" zu werden (was sie in der Tat dringend sollte), über Nacht beiseite geschoben und präzis das Gegenteil getan. Immerhin: Ein Präsidentschaftskandidat Wolfgang Schüssel ist uns erspart geblieben. Aber wie hat doch die Tante Jolesch so prägnant gesagt: „Gott soll einen hüten vor allem, was noch ein Glück ist."

Die Republik dümpelt vor sich hin
(27.8.1015)

Ein wunderschöner, ein friedlicher Sommer, und die Republik dümpelt gemütlich vor sich hin, in überfüllten Schwimmbädern, aufwendigen Open-Air-Veranstaltungen, beim Heurigen. Doch die Nachrichten, die uns Morgen für Morgen diese idyllischen Sommertage vermiesen, sind alles andere als gemütlich: Die barbarischen Fanatiker, die sich hinter dem Kürzel „IS" verschanzen, enthaupten skrupellos Menschen und vernichten unwiederbringliche Kulturgüter, ohne dass ihnen die technologisch hochgerüsteten Heere des Westens Einhalt gebieten können – Barbarei und Elend schwappen hinüber nach Europa in Gestalt der größten Flüchtlingswelle seit dem letzten Weltkrieg, und weder Zäune noch Flotten noch perfekt ausgebildete Sicherheitskräfte können diese Menschenströme kontrollieren, geschweigen denn

„Blick in die Zukunft der Großen Koalition"

„Prognose"

aufhalten. Es ist eine Völkerwanderung, ein historisches Phänomen und nicht eine Krise, die irgendwann vorbei sein wird.

Österreich ist betroffen, wenngleich nicht an vorderster Front. Und wie ausnahmslos alle anderen europäischen Nationen, so wirkt auch Österreich angesichts dieser Menschenflut ratlos, hilflos und desorganisiert. Eine der reichsten und modernsten Nationen der EU und damit der Welt muss sich angesichts der verheerenden Zustände in Traiskirchen schärfste Kritik von Amnesty International gefallen lassen, einer Organisation, die im Allgemeinen über jeden Zweifel erhaben ist.

Die österreichische Bevölkerung schwankt angesichts der gar nicht so fernen nahöstlichen Barbarei und der Menschenflut, die längst auch Österreich erreicht hat, zwischen Besorgnis und Mitgefühl, zwischen Xenophobie und Ängsten. Vergeblich blicken die Menschen auf ihre Regierung und erhoffen sich wenn schon keine Antworten und Lösungen, dann wenigstens verlässliche Analysen und glaubwürdige Maßnahmen. Doch nichts geschieht.

Etwas geschieht allerdings schon: Freund Strache sammelt fleißig Wählerstimmen. Und muss dafür nicht einmal was tun. Schon gar nicht Lösungen anbieten, die diese Bezeichnung verdienen würden. Nach den letzten Um-

„Der Ruf der Koalition war auch schon besser"

fragen hat die FPÖ jetzt die 30-Prozent-Schwelle überwunden, ÖVP und SPÖ liegen weit abgeschlagen bei 23 bzw. 22 Prozent. Klar liegt nicht nur die Partei, sondern auch Strache selbst inzwischen bei der Kanzlerfrage deutlich vorn – mit 19 Prozent gegenüber Mitterlehner und Faymann mit je 16 Prozent: bei vielen wohl eher ein Ausdruck des Misstrauens und Protests gegenüber der Regierung und deren Exponenten als echte Präferenz für „Kanzler Strache" und dessen FPÖ. Trotz dieser katastrophalen Umfragewerte sitzt Werner Faymann, Kanzler und SPÖ-Chef, fest im Sattel – allerdings befindet sich unter dem Sattel längst kein Pferd mehr, wie Hannes Androsch so treffend konstatiert. Vielleicht wird die Partei Faymann doch noch ersetzen, wenn es für die SPÖ wirklich ganz, ganz schlimm wird. Engländer haben für diese Situation einen nicht minder treffenden Ausdruck parat: „Die Stalltür schließen, nachdem das Pferd abgehauen ist". Dann aber ist es, wie man unschwer folgert, zu spät.

Rechts regiert
(4.6.2015)

Leider sehe ich mich gezwungen, hier genauso zu beginnen, wie ich an dieser Stelle aufgehört hatte. Vor genau einer Woche schloss ich meinen Kommentar zur inhumanen Flüchtlingspolitik der Regierung mit der pessimistischen Frage: „Aus Angst vor den stets lauernden Rechtspopulisten, die großzügigere Hilfsbereitschaft umgehend in politische Kleingeld ummünzen würden?" Nun ja, „Kleingeld" war doch eher eine Untertreibung.

Denn nach den beiden Landtagswahlen vom letzten Wochenende standen die Freiheitlichen als einzige Sieger unter lauter Verlierern da – die erschreckenden Zugewinne der Blauen im Burgenland (6 Prozentpunkte) und vor allem in der Steiermark (16,2 Prozentpunkte) lösten weit über die Grenzen jener Bundesländer hinaus ein politisches Erdbeben aus und versetzten den roten Landeshauptmann Voves so sehr in Angst und Schrecken, dass er (ganz nach dem bewährten Muster des Wolfgang Schüssel, der ja bekanntlich als Drittplatzierter in Opposition gehen wollte und dann als Bundeskanzler endete, mit Haiders Freiheitlichen als machtgeile Steigbügelhalter) sogleich erklärte, er werde im Falle einer Niederlage zurücktreten – dann aber (wie einst Jörg Haider) „gleich wieder da" war, an der Spitze der steirischen SPÖ.

Ein lamentables Schauspiel. Schlimm ist vor allem das Wählerverhalten. Die freiheitlichen Wähler wählten kein konstruktives Programm, sondern ein destruktives: Es galt, den Regierungsparteien, die konzeptlos durch die politische Landschaft torkeln, einen Denkzettel zu verpassen, sie „abzustrafen", wie man sagt. Und getrieben waren diese Wähler von altbekannten Ängsten, die zu schüren den Freiheitlichen leichtgefallen ist angesichts der Hilflosigkeit der Regierungsparteien und der kleinlichen parteitaktischen Spielchen zwischen Innenministerium (schwarz) und Verteidigungsministerium (rot) um die Flüchtlingspolitik. Jene Ängste kann jedes Kind benennen: vor Asylbewerbern, vor mörderischen Muslimen, vor gefährlichen Ausländern, die den braven Bürgern Österreichs Geld und Gut und Arbeitsplätze stehlen.

Erschreckend sind nicht nur jene Zahlen – die Wahlresultate –, erschreckend ist die Motivation, die Unwissenheit oder das kurze Gedächtnis jener

Wähler. Schon vergessen das Fiasko, das Schüssels unheilige Allianz mit den Blauen angerichtet hat. Und verdrängt, dass die FPÖ einst als Auffangbecken übriggebliebener Nazis gestartet war, was sich heute noch in einschlägigen Äußerungen manifestiert, die Einzelnen in der blauen (exbraunen) „Gesinnungsgemeinschaften" regelmäßig „herausrutschen". Oder, noch schlimmer: Das ist diesen Wähler schlicht egal. Hauptsache: Denkzettel.

Strache hat gut lachen: Auf Plakaten bezeichnet er sich selbst großspurig als „der Einzige" und behauptet überheblich, die FPÖ sei „noch nie so stark" gewesen. Was, mit Blick auf Haiders 27 Prozent 1999, nicht stimmt. Aber seine Warnung vor dem, was da in Oberösterreich und Wien demnächst noch auf diese Nation zukommen könnte, ist durchaus ernst zu nehmen. An die nächsten Nationalratswahlen will man gar nicht denken.

Houdini Häupl

(15.10.2015)

Harry „Handcuff" Houdini (geboren als Erik Weisz, 1874–1926) wurde wegen seiner sensationellen Auftritte zum Inbegriff des Entfesselungskünstlers – keiner wurde je wieder in diesem Fach so berühmt wie er. Der legendäre Houdini befreite sich unter polizeilicher Aufsicht in Scotland Yard aus Handschellen und unter Wasser aus Zwangsjacken, ließ sich gefesselt von Wolkenkratzern abseilen und hielt in gefüllten und versiegelten Milchkannen unglaublich lange den Atem an.

„Houdini" steht seit einem Jahrhundert als Metapher für die nach menschlichem Ermessen absolut unmögliche Befreiung mit eigenen Kräften aus einer (scheinbar) hoffnungslosen Zwangslage. Nach dem Vormarsch der FPÖ in drei Bundesländern, dem Höhenflug der Freiheitlichen in den Meinungsumfragen, der allgemeinen Verunsicherung angesichts der Flüchtlingskrise erschien plötzlich möglich, ja geradezu wahrscheinlich, was zuvor im „Roten Wien" völlig

„Der steinerne Burgamasta"

75

„Das Antlitz des Sozialismus mit menschlichem Antlitz" (25.3.2016)

undenkbar gewesen war: dass die FPÖ mit den Sozialdemokraten gleichziehen, ja sie überholen könnte – mit einem „Wiener Bürgermeister Strache" als Schreckensszenario. Noch am Sonntagnachmittag sprachen die Wählerbefragungen von einem Kopf-an-Kopf-Rennen zwischen FPÖ und SPÖ, bis der Trend plötzlich kippte und die SPÖ, schwer lädiert zwar, aber doch mit deutlichem Vorsprung vor den Freiheitlichen, aus dem Wiener Urnengang hervorging.

Häupl, dessen Rücktritt nach einem Wahlsieg der FPÖ eine Gewissheit gewesen wäre, ist wieder einmal mit einem blauen Auge davongekommen. Erneut hat sich gezeigt, dass die in Umfragen geäußerte Präferenz für die FPÖ oft nicht viel mehr signalisierte als eine Unmutsäußerung gegenüber den Regierungsparteien – dass man sich aber, als man schließlich vor der Wahlurne stand, Strache als Bürgermeister dann doch nicht ganz vorstellen konnte. Wien ist eine Vorzeigestadt mit höchster Lebensqualität, funktionierender Infrastruktur, Kulturleben der Weltklasse, kosmopolitischem Flair. Was will man hier mehr? Zwietracht und Ewiggestrige im Burschenschaftler-Outfit? Häupl, der Entfesselungskünstler unserer Tage, Wiener Bürgermeister seit mehr als zwei Jahrzehnten, hat gezeigt, dass man mit klaren Botschaften – der Distanzierung vom Ausländerhass der FPÖ und einem humanitären Bekenntnis zur Aufnahme von Kriegsflüchtlingen – nicht unbedingt Wählerstimmen verlieren muss, sondern im Gegenteil Sympathien in der Bevölkerung erwerben kann. Das Wiener Votum galt allerdings Häupl persönlich und nicht der SPÖ, deren Krise noch lange nicht ausgestanden ist.

Politiker-Recycling

(12.3.2015)

Politiker sind eine wertvolle Ressource. Deshalb sollten sie, in einer umweltbe-
wussten Gesellschaft nach Gebrauch rezykliert werden. Das gelingt manchmal
besser, manchmal weniger. Mitunter führt dieses Recycling, der Wunsch des über
Nacht abgetakelten Amtsträgers nach neuen Ämtern und Würden und Pfründen
sowie Einkommensquellen zu merkwürdigen, ja grotesken Ergebnissen.

Wir erinnern uns beispielsweise an jenen lustigen Vizekanzler, den Österreich einst sein Eigen nannte, einen Vorarlberger namens „Hubsi" Gorbach,
der seinem Freund, der witzigerweise Darling hieß und damals britischer Finanzminister war, schrieb, ob er zufällig einen Job wüsste, denn „the world in
Vorarlberg" sei „too small" für ihn, Gorbach. Oder an Schüssels gestrengen Innenminister Ernst Strasser, der auf zwei englische Journalisten hereinfiel und
sich gegen angemessenes Honorar als willfähriger EU-Lobbyist anerbot. Der
ehemalige Kanzler Gusenbauer stellt sein politisches Knowhow (und wohl
auch seine önologischen Kenntnisse) selbstlos dem kasachischen Potentaten
Nursultan Nasarbajew zur Verfügung und erteilt ihm Anfängerkurse in an-
gewandter Demokratie. Und über die weitere Zukunft der Elisabeth („Lisl")
Gehrer, Schüssels musisch veranlagter Bildungs, Kultur- und Wissenschafts-
ministerin, schrieb Armin Thurnher im „Falter" lakonisch: „geht flöten".

Doch was tun mit Michael Spindelegger, diesem mit drei derart unter-
schiedlichen Exjobs – Exvizekanzler, Exfinanzminister und Exparteichef –
eindeutig überqualifizierten Expolitiker? Für ihn hat sich da etwas ganz Be-
sonderes aufgetan: die „Agentur zur Modernisierung der Ukraine", welche ja
die Modernisierung (und manch anderes mehr) in der Tat bitter nötig hätte.
Für diese neue Agentur arbeitet immerhin der frühere SPD-Kanzlerkandidat
und Finanzminister Peer Steinbrück; unterstützt wird sie zudem von Bernard-
Henri Lévy, einem der namhaftesten französischen Philosophen. Eine durchaus ehrenwerte Angelegenheit, augenscheinlich.

Doch finanziert wird das Projekt von den drei reichsten und mächtigsten
und vor allem undurchsichtigsten Oligarchen der Ukraine, denen Korruption

und Mafiakontakte nachgesagt werden. Spindelegger repräsentierte noch vor kurzem als Oberhaupt einer hehren, christlich-abendländischen Grundwerten verpflichteten Partei ein klar umschriebenes Ethos – und jetzt tut er sich zwecks Rettung der Ukraine (und Recycling seiner Talente) mit Leuten zusammen, bei denen das möglicherweise nicht ganz so klar ist.

Mein alter Vater, beliebt für seine derben Witze und kernigen Sprüche, sagte immer: Wer sich mit Hunden ins Bett legt, wird mit Flöhen aufwachen. Selbstverständlich meinte er das streng metaphorisch und war (ebenso wie ich selbst) weit davon entfernt, Menschen mit Hunden gleichzusetzen; auch bei den Flöhen handelt es sich keineswegs um reale, sondern gleichsam sprichwörtliche Vertreter der Gattung Ctenocephalides canis. Dennoch. Der Spruch scheint mir bedenkenswert.

2. Unwillkommenskultur

But Can We?

(17.12.2015)

Als Barack Obama in seiner Präsidentschaftswahl-Kampagne 2008 „Yes We Can!" zu seinem Markenzeichen machte, registrierte kaum jemand, dass diese griffige Formel bereits elf Jahre zuvor von der Scottish National Party bei den britischen Wahlen verwendet worden war. Erst Obama brachte den genialen Schlachtruf für die Schaffung einer besseren Welt in alle Munde. Kaum zufällig hat sich Angela Merkel, die ja auch schon das böse Adjektiv „merkelvellianisch" (also Machiavellismus à la Merkel) auf sich gezogen hatte, in der Flüchtlingskrise den so erfolgreichen Slogan Obamas zu eigen gemacht. Der Politikerin, die Deutschlands wirtschaftlich-politische Führungsposition in Europa unter jenem mutigen Wahlspruch zur moralischen Führungsrolle sublimiert hat, zollt die Welt Anerkennung: Das „Time Magazine" kürte sie zur „Person of the Year" und stellte sie damit neben Mahatma Gandhi, Martin Luther King und Willy Brandt. Schon fünf Wochen zuvor hatte sie der „Economist" unter dem Titel „Why Mutti Matters" („Warum es auf Mutti ankommt") als „unverzichtbare Europäerin" gefeiert, und da konnte auch Österreichs „Profil" in seiner letzten Ausgabe nicht hintanstehen und wählte Merkel zum „Menschen des Jahres". Dankbarkeit darf man der ritterlichen Kanzlerin hierzulande durchaus zollen, hat sie doch bereitwillig den von den

„Politiker-Gschnas '16: Die Höhepunkte"

Österreichern galant zum Ausgang weitergeleiteten Flüchtlingen die Tore geöffnet. Doch wie es schon im 13. Kapitel des Markus-Evangeliums so treffend
heißt: „Ein Prophet gilt nirgends weniger denn in seinem Vaterland und in
seinem Hause". So auch Merkel, der wegen ihrer offenherzigen Flüchtlingspolitik selbst in ihrer eigenen Partei CDU Kritik und bei der Schwesterpartei
CSU offene Feindseligkeit und sogar bei der SPD Skepsis entgegenschlägt. In
Österreichs Politikerkaste sucht man hingegen vergeblich nach verkannten
Propheten – von Häupl vielleicht einmal abgesehen. Und die Nachwelt wird
ihr Gedächtnis vergeblich nach epochalen Sentenzen vom Kaliber „Yes We
Can!" und „Wir schaffen das!" aus österreichischem Munde bemühen. Lediglich Sebastian Kurz hatte es bei seiner Wahl zum Außenminister wegen seines
zarten Alters zur vielzitierten Schlagzeile „It's a Boy" in der englischen „Sun"
gebracht – eine Formel, die sonst in der britischen Boulevardpresse der Nachricht von der Geburt eines (männlichen) Thronfolgers vorbehalten ist. Immerhin lag die „Sun", obwohl zweifellos unabsichtlich, bei „Thronfolger" gar
nicht so daneben. Während sich der ÖVP-Senkrechtstarter Kurz mit seinem
Vorstoß in Sachen islamische Kindergärten hoffnungslos verrannt hat, wird
SPÖ-Tieflieger Faymann im Ausland bestenfalls mit der rhetorischen Frage

„Werner who?" zitatfähig. In der leidigen „Zaungate"-Affäre hat der österreichische Regierungschef jedenfalls den Zenit seiner Machtlosigkeit erreicht: Noch
im Herbst hatte der SPÖ-Kanzler gelobt, dass niemals ein Grenzzaun errichtet
werde – jetzt stellt ihm die ÖVP-Innenministerin ohne viel Federlesen genau
einen solchen (zum Preis von mindestens zehn Millionen Euro) vor die Nase.

Der Begriff „Flüchtling" wurde soeben von der Gesellschaft für deutsche
Sprache zum Wort des Jahres 2015 bestimmt. Genauso hätte es „Terror" werden können. Zwischen den beiden Phänomenen gibt es heikle Berührungs-
punkte. Der gemeinsame Nenner: Angst. Nach Einschätzung des deutschen
Verfassungsschutzes leben derzeit in Deutschland 1100 gewaltbereite Islamisten; 430 von diesen sei „jederzeit" eine „schwere Straftat" zuzumuten. Ein
Vielfaches jener Terroristen, welche das Massaker von Paris verübten. Die gro-

„Wiener Schule des unrealistischen Phantasmus"

ße Herausforderung kommt noch auf uns zu: Die Integration der Flüchtlinge,
um jeden Einzelnen von den Versuchungen eines blinden, mörderischen Ex-
tremismus abzuhalten. Unter anderem will Deutschland die syrischen Flüchtlinge von der Existenzberechtigung Israels überzeugen. Keine leichte Aufgabe.
Schaffen wir das?

Check-in nach Nirgendwo
(10.3.2016)

Soeben bin ich aus Griechenland zurückgekommen. Der im Jahr 2001, rechtzeitig zu den Olympischen Spielen eröffnete Athener Eleftherios-Venizelos-Flughafen funktioniert reibungslos. Weder an dieser wichtigsten Drehscheibe Griechenlands zur Welt noch in den Touristenregionen im Landesinnern ist etwas von der kritischen Situation zu bemerken, in der sich das Land befindet. Nach dem vorläufigen Scheitern des Gipfeltreffens zwischen den Regierungsspitzen der EU und der Türkei, auf dem es zuging wie auf dem Großen Basar in Istanbul, wird sich der Flüchtlingsnotstand in Griechenland weiter zuspitzen: Das ist abzusehen.

In krassem Gegensatz zur kühl-eleganten Atmosphäre des Venizelos-Airport das Inferno im alten Ellinikon-Flughafen. Dieser wurde 1938 eröffnet und steht – zumal ein Werk des finnischen Stararchitekten Saarinen – inzwischen unter Denkmalschutz. Allmählich übernimmt die Natur den Tar-

"Militärtechnische Lösungen funktionieren nie"

200 FLÜCHTLINGE MEHR,...

WENN DAS DIE NEUE EU-FLAGGE WIRD!

„Der Vorschlag wurde dann doch mit knapper Mehrheit abgelehnt"

mac und die Rollbahnen; zwischen den Betonplatten sprießt Gras. Doch das Flughafengebäude atmet noch einen Hauch von nostalgischer Griechenland-Urlaubsromantik, von Chic, Eleganz und Olympic Airlines (die heute nur noch Inlandrouten bedienen) und deren Gründer, dem griechischen Krösus Aristoteles Onassis. Aber unweigerlich denkt man auch an das blutige Terrorattentat des palästinensischen „Schwarzen September" vom 5. August 1973.

In Ellinikon starten längst keine Flugzeuge mehr. Nach einem Bericht des französischen „Le Figaro" wurden die Gepäckförderbänder zu notdürftigen Pritschen für Flüchtlinge umfunktioniert, auf den Check-in-Desks der Business-Class, wo einst die vornehme Klientel der Olympic Airlines ihre Flugtickets aus Louis-Vuitton-Handtaschen zog, werden Babys gewickelt. Alles spielt sich in gespenstischem Halbdunkel ab; für die rund 2600 afghanischen Flüchtlinge, die hier provisorisch Unterkunft gefunden haben, gibt es weder Strom noch fließendes Wasser, und statt der kaputten Toiletten wurden kümmerliche Notbehelfe auf den Balkonen eingerichtet. Unter dem Schild „EU-Bürger oder Inhaber griechischer Pässe" spielen Kinder, die in keine der beiden Kategorien passen. Die Balkanroute ist zu; rund 30.000 Flüchtlinge sind in Griechenland gestrandet. Außenminister Nikos Kotzias rechnet laut dem englischen „Economist" mit einem baldigen Anstieg der Flüchtlingszahlen auf das Fünffache, doch Hilfsorganisationen fürchten, dass allein im März 200.000 neue Flüchtlinge in Griechenland eintreffen könnten. Falls man sich auf dem Brüsseler Basar nicht bald handelseinig wird.

Gut gemeint

(20.11.2014)

„Zusammen: Österreich" „#stolzdrauf": Sebastian Kurz stand mit seiner Integrationskampagne nicht nur im Gegenwind, sondern mitten im gefürchteten „Shitstorm", samt Spott und Häme. Dabei wäre die Idee eigentlich gar nicht so schlecht: Dreihundert „Integrationsbotschafter" wurden losgeschickt, um Menschen mit Migrationshintergrund ein verstärktes Identitätsbewusstsein mit dem Land, in dem sie leben, zu vermitteln. Österreich als Heimat betrachten, ohne die Wurzeln aufgeben zu müssen, Stolz auf verbindende Werte vermitteln – das sind die hehren Ziele des Integrationsministers.

Dass nun aber Kurz ausgerechnet Andreas Gabalier als Galionsfigur in Lederhosen für seine Kampagne einsetzt, gibt diese zu Recht der Lächerlichkeit preis: Zu zweifelhaftem Ruhm gelangte der „Volks-Rock-'n'-Roller" durch seine Weigerung, die „Töchter" neben den „Söhnen" in seiner Version der Bundeshymne zu besingen. Wo bleibt denn da der Grundwert „Gleichberechtigung"?

Statt wohlfeiler Phrasen und billiger Showelemente wäre es Kurz zweifellos besser angestanden, konstruktive Gesetzesinitiativen zu lancieren und konkrete Schritte zu unternehmen, um die Situation der Migranten zu verbessern. Aber das ist eben schon etwas komplizierter – das setzt politischen Konsens voraus und braucht wesentlich mehr Mut als muntere Kampagnen. Mit kräftiger Unterstützung des Boulevards, angefeuert vom rechten Rand des politischen Spektrums, weht Ausländern in Österreich allenthalben Misstrauen und Gehässigkeit entgegen. Flüchtlinge, die hier ohnehin schon wenig zu lachen haben, werden despektierlich als „Erd- und Höhlenmenschen" bezeichnet, ohne dass dies in der Bevölkerung allzu heftige Empörung auslöst. Dagegen müsste man vielleicht etwas unternehmen.

Die „#stolzdrauf"-Kampagne kommt nicht aus heiterem Himmel. Ausgelöst hatte sie die Wiener Rede des türkischen Ministerpräsidenten Erdoğan vom 19. Juni. Dieser sagte damals im Vorfeld der türkischen Wahlen vor rund 13.500 Anhängern: Die in Österreich lebenden Türken sollten „auf diese Türkei stolz sein" – sich in die Gesellschaft integrieren, gut Deutsch lernen, sich

„Der neue Außenminister"

aber nicht assimilieren. Kurz reagierte scharf: Erdoğan habe das ohnehin schon schwierige Identitätsthema zusätzlich verschärft. Diese Art der „Einmischung aus der Türkei" sei „schädlich für die Integration in Österreich". Die Antwort des Integrationsministers auf Erdoğans Affront: Stolz sollen sie ja durchaus sein, die Türken – aber nicht auf die Türkei, sondern auf Österreich. Und natürlich auf die Lederhose.

Die Schockwelle von Köln
(21.1.2016)

Die schockierenden Geschehnisse in der Kölner Silvesternacht markieren einen Wendepunkt in der europäischen Flüchtlingspolitik (die ja bekanntlich nicht existiert). Wir erinnern uns an die Entwicklung der europäischen Wahrnehmung im vergangenen Jahr und davor: vom „Kriegsgeschrei, wenn hinten weit in der Türkei die Völker aufeinanderschlagen", das den braven Bürger wie in Goethes Faust karikiert, völlig unberührt ließ („Man steht am Fenster, trinkt sein Gläschen" über die grauenhaften Details vom syrischen Bürgerkrieg, dann die Erschütterung angesichts des Kenterns überfüllter Flüchtlingsboote, der Kinderleichen an Europas schönsten Badestränden über die im Kühllastwagen jämmerlich erstickten Flüchtlinge, dann aufs Höchste alarmiert vom Überschwappen des mörderischen IS-Terrors ins Herz Europas.

Doch das Gegenstück bildete eine seit dem Ungarn-Aufstand 1956 nicht mehr gekannte Welle der Hilfsbereitschaft, offene Herzen überall, gegen die selbst die Rechte (FPÖ) anfänglich kaum anzurennen wagte – „Willkommenskultur" wurde Schlagwort und Merkels „Wir schaffen das!" zum Slogan des Jahres. Seit Köln ist alles anders. Die öffentliche Wahrnehmung hat eine 180-Grad-Wendung vollzogen. Die offenen Arme und Herzen waren, wie manche sich jetzt zögernd eingestehen, vielleicht doch etwas zu spontan, unreflektiert und blauäugig. Ein kluger Freund, berühmter Künstler und alles andere als der rechten Szene zuzurechnen, hat das harte Wort „Moralterror" geprägt: Terror der politischen Korrektheit, die uns, vor „Köln", daran gehindert hatte, Ängste und Wahrheiten auszusprechen. Seit „Köln" darf man das. Gewiss, vieles ist eine Sache der Wahrnehmung. Aus den „armen" Flüchtlingen sind nun plötzlich, in ebenso unbedachter Pauschalisierung, die „bedrohlichen" Flüchtlinge geworden. Doch die Fakten lassen sich nicht ignorieren: Von den neunzehn Tatverdächtigen in Köln waren neun erst kürzlich eingereiste Asylbewerber und neun hatten sich illegal in Deutschland aufgehalten. Einer der (erschossenen) Attentäter von Paris war unter sieben verschiedenen Namen bekannt und mehrfach vorbestraft – unter anderem wegen sexueller Belästigung.

„Wie reagieren auf die Flüchtlingswelle?"

Dass die meisten der Männer, welche in Köln mindestens sechshundert Frauen belästigt und sexuell attackiert hatten, offenbar nordafrikanischen Ursprungs waren, bestätigt nur, dass muslimische Männer aus dem Maghreb und der islamischen Welt allgemein eine Haltung gegenüber Frauen an den Tag legen (90 Prozent der tunesischen und marokkanischen Männer fordern von ihren Frauen bedingungslosen Gehorsam und scheinen Europäerinnen für Freiwild zu halten), die für uns Europäer inakzeptabel und indiskutabel ist. Das wird sich so schnell nicht ändern lassen. Alice Schwarzer, der Galionsfigur des deutschen Feminismus, ist kaum zu widersprechen, wenn sie „Köln" mit der pointierten Aussage kommentierte, dass Deutschland „naiverweise männliche Gewalt, Sexismus und Antisemitismus" importiere. Nicht nur bei Frauen, auch bei jüdischen Mitbürgern schrillen spätestens seit „Köln" die Alarmglocken. Wieder einmal erwägt man, die Koffer zu packen. Dass in Österreich Kanzler Faymann offen eingesteht, zur Flüchtlingskrise nur „Notlösungen" bei der Hand zu haben, mag zwar ehrlich sein – aber kaum beruhigend.

Notbremsung

(28.1.2016)

Keine Frage: Man muss dieses Land einfach lieben. Selbst in dieser heiklen, ja gefährlichen Situation nimmt man sich hierzulande doch noch die Zeit, sorgsam auf feine großkoalitionäre Differenzierungen zu achten: „Obergrenze" (ÖVP), „Richtwert" (SPÖ). Klingt unterschiedlich, meint aber genau dasselbe: Österreich zieht die Notbremse – und erntet dafür international Anerkennung. Diese letztlich identischen Begriffe haben die euphorische „Willkommenskultur", die bei manchen von uns den „feel-good"-Faktor erhöht hatten, gleichsam über Nacht abgelöst. Sie üben eine beruhigende Wirkung auf die Bevölkerung aus. Vorerst.

„Patentlösungen"

„Begegnung"

Die Notbremse ziehen bedeutet: Imminente Gefahr in letzter Sekunde abwenden, ohne zögerliches Erwägen, der automatische Griff nach dem roten
Griff, dessen Missbrauch, wie jeder Bahnreisende weiß, drakonisch bestraft
wird. Diese Notbremsung hat nicht nur mit einem zahlenmäßigen Plafond
für Migranten zu tun, die künftig ins Land gelassen werden sollen, sondern
mindestens so sehr mit den Überlebensängsten, dem Selbsterhaltungstrieb der
regierenden „classe politique". Die Ereignisse der Kölner Silvesternacht haben
der europäischen – und damit auch der österreichischen – Rechten in besorgniserregendem Maße Auftrieb gegeben. Nie zuvor, stellt ein namhafter Kommentator fest, sei in der Zweiten Republik „die Gefahr so groß gewesen, dass
sich die Regierten restlos von den Regierenden abwenden". Strache und seine
Partei stehen in der demoskopischen „Sonntagsfrage" fraglos ganz weit oben,
mit deutlichem Abstand von den Regierungsparteien. Und diese können sich
bei ihrer Notbremsung auf die Genfer Flüchtlingskonvention berufen – auf
den Passus nämlich, dass „sich aus der Gewährung des Asylrechts nicht zu-
mutbare schwere Belastungen für einzelne Länder ergeben" dürfen. „Ultra
posse nemo obligatur", lautet der allgemeingültige römische Rechtsgrundsatz:

Niemand darf über das Maß seiner Kräfte verpflichtet werden. Und da die (europäische) Zusammenarbeit versagt hat, müssen die einzelnen Länder eben für ihre eigene Sicherheit sorgen – zumal Österreich (das ja pro Kopf den zweithöchsten Flüchtlingsanteil beherbergt) in seiner prekären „Sandwichposition" zwischen den Balkanstaaten und Deutschland.

Aufs Höchste alarmiert sind insbesondere die insularen Briten. Nach „Köln" wurden Stimmen laut, die Besorgnis über die Sicherheit der englischen Frauen äußerten – als ob sich in Großbritannien nicht längst schon zahlreiche Muslime etabliert hätten. Nachvollziehbar ist jedoch, dass das Geschehen auf dem Kontinent zwischen „Paris" und „Köln" den britischen Euroskeptikern gewaltig Auftrieb gegeben hat. Der verhängnisvolle „Brexit", ein Stimmenmehr für den Austritt Großbritanniens im Referendum des kommenden Jahres, ist inzwischen wahrscheinlicher geworden.

Flüchtlinge und Emigranten
(24.12.2015)

Die Gesellschaft für deutsche Sprache in Wiesbaden (GfdS) hat den Begriff „Flüchtling" zu Deutschlands „Wort des Jahres" 2015 gekürt – eines jener zehn Wörter, die nach Ansicht der Jury „den öffentlichen Diskurs des Jahres wesentlich geprägt" haben. Die Nachsilbe „ling" klinge allerdings, so gibt die GfdS zu bedenken, „für sprachsensible Ohren tendenziell abschätzig": Man denke an „Sträfling" (der im Gefängnis sitzt), „Emporkömmling" (der sich eine gesellschaftliche Stellung anmaßt), „Zögling" (der erst erzogen werden muss), „Eindringling" (der sich unbefugt Zugang verschafft), „Weichling" und „Schwächling" oder nur schon „Lehrling" (der noch alles zu lernen hat) – und nicht zuletzt an den Norweger Vidkun Quisling, dessen Name rein zufällig und doch so passend auf „ling" endete, 1942 bis 1945 als Ministerpräsident an der Spitze einer von Nazideutschland eingesetzten Marionettenregierung: Er wurde als „Quisling" für die Nachwelt zum Inbegriff des Kollaborateurs und Verräters.

Das „ling" (laut GfdS „eine Person bezeichnend, die durch eine Eigenschaft oder ein Merkmal charakterisiert ist") signalisiert in der Regel Unerfreuliches, vermittelt Unaufrichtigkeit, Unterordnung, passive Ergebenheit, ja mitunter gar eine Existenz an den Rändern bürgerlicher Ehrbarkeit – und dabei vergisst man doch geflissentlich den „Jüngling", der insbesondere im Früh-ling das Herz der Mädchen höher schlagen lässt und gute Chancen hat, zum „Liebling" zu avancieren, selbst wenn es sich um einen eitlen „Schönling" handeln sollte.

Um den Missklang des „ling" zu vermeiden, greift manch politisch Korrekter zum englischen „refugee", zum neutralen „Neuankömmling" oder zum umständlichen und daher sprachlich chancenlosen „Geflüchteten". Wie viel positiver und gradliniger klingt doch der Begriff „Emigrant". Denn die Nachsilbe „ant" deutet (selbst im Tierreich beim „Elefanten"), als „Fabrikant", „Spekulant" oder „Intrigant" auf Tatkraft, Selbstbewusstsein und Stärke – in der Schweiz nimmt der „Initiant" sein verfassungsmäßiges Initiativrecht wahr: Der Emigrant verlässt seine Heimat aus freien Stücken, nicht gezwungenermaßen bei Nacht und Nebel wie der unselige Flüchtling. Klar, wenn er Pech

91

"Du musst dich entscheiden"

hat und im Land seines Exils unwillkommen ist, wird der stolze Emigrant zum unsicheren „Asylanten", ausgeliefert der Willkür von Gesetzesauslegung und politischer Konjunktur.

Von Flüchtlingen ist immer dann die Rede, wenn flüchtende Syrer gemeint sind – jene Juden hingegen, die seinerzeit vor Diskriminierung, Deportation und schließlich Erschießungskommandos oder Gaskammern flohen, waren „Emigranten". In „der Emigration" schlugen sie sich dann recht und schlecht durch oder ließen es sich – so zumindest wollten es Antisemiten wissen – „an der Riviera" gut gehen. Weshalb sind die einen heute Flüchtlinge und wurden die anderen damals euphemistisch als Emigranten bezeichnet? Eine nicht nur sprachliche Frage. Hannah Arendt verfasste 1943 im New Yorker Exil einen Essay, den sie mit „Wir Flüchtlinge" überschrieb: „Wir selbst bezeichnen uns als ‚Neuankömmlinge' oder ‚Einwanderer'." Denn diese hätten selbst über ihr Schicksal entschieden, Flüchtlinge hingegen seien Opfer der historischen Umstände. Und doch, so ihre Quintessenz: Flüchtlinge seien die „Avantgarde ihrer Völker".

Hardliner
(18.6.2015)

40.000 syrische und eritreische Asylsuchende, die in Italien und Griechenland gestrandet sind, sollten in einem Quotensystem aufgrund verschiedener Parameter (Bevölkerungszahl, Bruttoinlandsprodukt, Arbeitslosenquote) fair auf die übrigen EU-Mitgliedsstaaten aufgeteilt werden – eine dringende Notmaßnahme. Doch die 28 EU-Nationen reagierten beim Treffen der EU-Innenminister in Luxemburg am Dienstag erwartungsgemäß ablehnend. International vermerkt wurde die Haltung des EU-Mitglieds Österreich, das – Originalton NZZ – „in einem populistischen Manöver" angekündigt habe, ab sofort keine Asylgesuche mehr zu behandeln. Innenministerin Mikl-Leitner (ÖVP) wollte mit diesem De-facto-Asylstopp Druck auf die EU ausüben – ihre Rechnung ist aufgegangen. Doch Österreich stand mit seiner Opposition keineswegs allein da; zu den weiteren Gegnern des nunmehr gescheiterten Quotensystems gehören so unterschiedliche Nationen wie Ungarn und Großbritannien. Österreich hätte gemäß EU-Verteilungsschlüssel rund drei Prozent jener Flüchtlinge aufnehmen müssen, also 1213 Personen.

Populismus war in Österreich bis jetzt die unbestrittene Domäne der FPÖ – obwohl natürlich alle Parteien gelegentlich ohne Zögern zu diesem wohlfeilen Mittel greifen. In der österreichischen Innenpolitik ist seit den Landtagswahlen im Burgenland und in der Steiermark Feuer im Dach. SPÖ und ÖVP sind in Panik – blinde Panik und nicht kühle Besonnenheit bestimmen das Vorgehen dieser stark angeschlagenen Parteien, von denen doch eigentlich zu erwarten wäre, dass sie die Geschicke dieser Nation mit sicherer Hand durch wirtschaftlich turbulentes Fahrwasser lenken: In panischer Angst, durch ein neues schwarz-blaues Bündnis ausmanövriert und aus ihren Machtpositionen weggefegt zu werden, gehen die Sozialdemokraten im Burgenland eine unheilige Allianz mit den Freiheitlichen ein – und überlassen in der Steiermark freiwillig den Sessel des Landeshauptmanns der Volkspartei, damit diese nicht etwa auf den Gedanken komme, ihrerseits mit der FPÖ zu paktieren.

Und die ÖVP? Sie schickt sich an, aus durchaus berechtigter Furcht vor dem scheinbar unaufhaltsamen Vormarsch der FPÖ (gegenwärtig die Nummer eins in den Umfragen, mit deutlichem Vorsprung vor SPÖ und ÖVP) die Freiheitlichen in der Asylpolitik rechts zu überholen. Das Asylthema ist politisches Leitmotiv und unfehlbares Erfolgsrezept der FPÖ. Die Volkspartei stiftet mit ihrem auch im Ausland sehr genau registrierten populistischen Manöver einige Verwirrung bei Medienkommentatoren und Wählern – und vergisst dabei geflissentlich ihre christlichdemokratischen (sprich: an den Menschenrechten orientierten) Wurzeln.

Unfreiwillige Wahlhelfer

(1.10.2015)

Das hätten sie sich wahrhaftig nicht träumen lassen, die syrischen Flüchtlinge, die, allen Gefahren trotzend und mit letzter Kraft das Mittelmeer, den Balkan und zuletzt auch das feindselige Ungarn durchquert hatten, um endlich Österreich zu erreichen, als Durchgangs- oder Asylland: dass sie umgehend einen ehrenvollen neuen Job erhalten würden. Zwar ungefragt und dennoch unbezahlt – aber ungeheuer bedeutend: als Wahlhelfer. Für H.-C. Strache.

Die Flüchtlinge waren am vergangenen Sonntag, darüber sind sich Politiker, Meinungsforscher und sämtliche politische Analytiker (alias Peter Filzmaier) ohne weitere Diskussion einig, das zentrale Wahlmotiv in Oberösterreich. Und werden es in Kürze auch in der Bundeshauptstadt sein, wie man sich leicht ausrechnen kann: Die Asyldebatte wird die Wien-Wahl entscheiden. Die meisten Wähler nehmen laut Umfragen die Flüchtlingspolitik der Regierung mit Sorge oder Verärgerung wahr – und bei den FPÖ-Wählern sind die Verärgerten deutlich in der Überzahl. Auch die satirische Internetzeitung „Die Tagespresse" titelt prompt: „Flüchtlinge haben Wahl entschieden: Strache bedankt sich bei Diktator Assad". Die Flüchtlinge werden „schuld" daran sein, wenn dieses schöne Land allmählich blau eingefärbt wird. Die Flüchtlinge? Oder die Bundesregierung, die mit ihrem Lavieren und ihren widersprüchlichen Signalen die Bevölkerung mehr und mehr verunsichert – und in die weit geöffneten Arme der Populisten treibt.

Die SPÖ macht sich selbst Mut mit dem Slogan „Wir schaffen das!". Nicht sehr wahrscheinlich, denn soeben ist ein „internes Papier" der Bundesregierung bekannt geworden, das die Kosten für Flüchtlinge innerhalb der nächsten vier Jahre auf horrende 12,3 Milliarden Euro beziffert. Diese schier unvorstellbare Zahl wird jedem Wähler zu denken geben, egal wie humanitär er auch gesinnt sein mag. Ist die Flüchtlingswelle, die noch lange nicht abebben wird, Grund zur Sorge, ja zur Panik? Flüchtlingskoordinator Christian Konrad beschwichtigt: In Österreich gebe es zur Zeit 53.000 Asylbewerber – rund ein Viertel jener rund 200.000, welche bis jetzt die österreichischen Grenzen überquert haben –, „nicht einmal ein Fußballstadion voll" und somit kein

Anlass zur Angst, sagt Konrad. Die Flüchtlingskrise veranlasst allerdings auch Politiker außerhalb der FPÖ zu unbedachten Äußerungen – so die ÖVP-Innenministerin Mikl-Leitner mit ihrem inzwischen vielkritisierten Satz: „(…) eben ein strenges Vorgehen an den Grenzen, das heißt auch, mit Gewalteinsatz". Solche extremen Formulierungen deuten darauf hin, dass die Regierung längst am Ende ihres Lateins angelangt ist – womit sie keine einzige FPÖ-Stimme zurückholen wird.

Diktatorendämmerung

(3.12.2015)

Der Feind meines Feindes, so besagt ein alter Spruch, ist mein Freund. Das ist durchaus pragmatisch. Kann aber zum Aufgeben von moralischen Prinzipien führen. Aber diese können in der Politik, wie wir wissen, ohnehin jederzeit über Bord geworfen werden, falls die Umstände dies erfordern.

Frankreich hat dem IS den totalen Krieg erklärt – durchaus nachvollziehbar angesichts des Blutbads von Paris. Der syrische Diktator Assad, der ja auch reichlich Blut an den Händen hat, ist der Feind des IS – und deshalb der neue „Freund" Frankreichs. Außenminister Laurent Fabius hat vor einer knappen Woche angeregt, nun auch die Truppen Assads an der Allianz gegen den IS zu beteiligen – eine Option, die Frankreich bisher kategorisch abgelehnt hat. Bodentruppen nach Syrien zu entsenden ist für die Europäer nach den verheerenden Erfahrungen im Irak und in Afghanistan innenpolitisch nicht machbar. Aber ohne Bodentruppen ist dem IS nicht beizukommen – und über diese verfügt Assad, wenn auch etwas reduziert, nach wie vor. Damit sprechen die Franzosen Putin aus dem Herzen, der ja bisher vorzugsweise die Gegner Assads anstelle des IS bekämpft hatte. Frankreich hofft, nun aber auch Putin in die Allianz gegen den IS einzubinden – und verbündet sich mit dem russischen Autokraten. Denn Putin ist seit dem Abschuss der russischen Passagiermaschine über dem Sinai neuerdings auch der Feind des IS, ob ihm dies nun passt oder nicht – und somit automatisch der Freund Frankreichs. Dass an Putins Händen ebenfalls Blut klebt, seit seine Freunde in der Ukraine im Juli die malaysische Passagiermaschine abgeschossen haben, darf dabei ruhig beiseitegeschoben werden.

Auch der türkische Autokrat Erdoğan, der im Nachbarland Syrien ebenfalls seinen eigenen Krieg führt – bisher allerdings nicht gegen den IS, sondern gegen die Kurden, ist nun plötzlich ein begehrter Freund der Europäer. Trotz seines die Menschenrechte systematisch missachtenden Regimes. Auch Erdoğan soll nun zum Feind des Feindes, also zum Freund umfunktioniert werden, der sich nicht nur am Kampf gegen den IS beteiligt, sondern möglichst viele Flüchtlinge davon abhält, die Innenpolitik der EU-Nationen ins Chaos zu

„Präsident Rohani besucht Europas Museen"

stürzen. Drei Milliarden Euro ist das den Europäern wert – und das geflissentliche Wegschauen, wenn am Bosporus geheiligte europäische Grundprinzipien mit Füßen getreten werden.

Mit dem Terror leben

(26.11.2015)

Ich rieb mir schlaftrunken die Augen, als ich am vergangenen Montag die Zeitung vor meiner Haustür aufklaubte: „Terror-Bedrohung: Wiener Opernball absagen". Es war die Überschrift zur Glosse des früheren „Standard"-Chefredakteurs Gerfried Sperl, und sofort nahm ich mir den vermeintlich satirischen Text vor. Ich liebe nämlich die Satire – ganz besonders in einer Situation, in der den meisten Leuten das Lachen im Halse stecken bleibt. Doch der Text war gar nicht lustig, sondern todernst gemeint: „Den Opernball 2016 sollte man absagen", fordert Sperl. Denn Kultursymbole wie Opernhäuser und Musikhallen müssten als gefährdet betrachtet werden – obwohl, wie Sperl zugibt, Wien als potenzielles Terrorziel bisher nicht in Erscheinung getreten sei.

Zugegeben, inzwischen wurden auch Fußball-Länderspiele aufgrund konkreter Hinweise oder abstrakter Terrorängste abgesagt. Das war zweifellos richtig und gut argumentierbar: Menschenmassen sind besonders gefährdet, siehe Paris. Sicher ist sicher – und wer könnte es professionell und moralisch verantworten, wenn man das Ereignis plangemäß durchführt und es in einer Katastrophe endet. Die Forderung, den Opernball ausfallen zu lassen, hat mich als in Wien lebender Schweizer und regelmäßiger Gast am Staatsball doch einigermaß erstaunt: Der Opernball ist mehr als nur der prächtigste unter den Hunderten von Bällen der Donaumetropole. Er ist in den Augen der Welt geradezu das Symbol des prunkvollen, beschwingten, monarchienostalgischen Österreich. Wein, Weib und Gesang.

„In den EU-Hauptstädten regiert die Angst", lautete gleichentags die Schlagzeile des wichtigsten Boulevardblattes und „Bedrohte Freiheit" jene einer Wochenzeitschrift. Frankreich sieht sich bekanntlich als Verkörperung von „Freiheit, Gleichheit und Brüderlichkeit". Überall wird feierlich verkündet, dass der blutige Terror nicht siegen dürfe über unsere in Jahrhunderten mühsam errungene Freiheit, dass das Mittelalter nicht die Aufklärung besiegen dürfe. Keine Kapitulation vor den Mördern. Doch in einem gewissen Sinne geschieht genau das – zwar unvermeidlich und von der Bevölkerung erwünscht, aber verheerend: Eine Handvoll Terroristen hat Frankreich den

HALBNAZI-BALL   CHAOTEN-BALL   ABDULLAH-BALL

JÄGERBALL   KARIKATURISTEN BALL   AMERICAN FOOT-BALL

„Man weiß gar nicht, wo man zuerst nicht hingehen soll!"

Ausnahmezustand aufgezwungen, die Europa-Hauptstadt Brüssel stillgelegt und die Amerikaner zu einer weltweiten Reisewarnung veranlasst.

Der „Ball der Bälle" wird am 4. Februar stattfinden. Darauf wette ich eine Flasche Bordeaux, und zwar eine ziemlich teure. Was allerdings bereits stattgefunden hat, ist kaum weniger erschütternd, als es die Absage des Opernballs gewesen wäre. Frankreich, ausgerechnet Frankreich, hat nun tatsächlich sein Kulturinstitut verkauft – untergebracht im altehrwürdigen Palais Clam-Gallas an der Währingerstraße im neunten Wiener Gemeindebezirk, dieses stimmungsvolle, elegante und leicht vergammelte Gebäude inmitten eines verträumten Parks, in dem die Grande Nation seit 1952 ihre Kultur, auf die sie so stolz ist, den Österreichern präsentiert. Verkauft an wen? Statt der Trikolore wird künftig auf dem Dach des Palais die Flagge des Emirats Katar wehen. „Pecunia non olet" – Geld stinkt nicht, sagt der Lateiner. Wie viel Geld aus Katar an den Terrorismus fließt, wäre zu ermitteln.

Panikaktion
(16.10.2014)

Der „Islamische Staat" hat „jeden Muslim" aufgefordert, „außer Haus zu gehen, einen Kreuzfahrer zu finden und ihn zu töten". Österreich beteiligt sich zwar nicht an militärischen Aktionen, unterstützt aber den Kampf gegen den „IS" politisch – ist also auch einer jener verhassten „Kreuzfahrer" und somit potenziell gefährdet. 150 Hobby-Dschihadisten waren offenbar ins syrisch-irakische Kampfgebiet gezogen und ungefähr 60 sind zurückgekehrt, sie werden vom Verfassungsschutz überwacht, und die Justiz hat gegen sie und andere Ermittlungsverfahren eingeleitet. Bereits ist es in Wien und Bregenz bei Demonstrationen zu handfesten Auseinandersetzungen zwischen Kurden und „IS"-Anhängern gekommen. Der mörderische Krieg im Nahen Osten beginnt nach Europa hinüberzuschwappen. Grund zur Panik? Das vielleicht nicht, aber hinreichend Anlass zur Angst gewiss: In den Medien wird der radikale Islam in Verbindung gebracht mit der unserer Rechtskultur in vielem entgegengesetzten Scharia, dem islamischen Recht – und den Auswüchsen wie den von muslimischen Extremisten verübten Terrorakten und den jüngsten Enthauptungen „Ungläubiger" durch „IS"-Kämpfer.

Österreich verfügt bekanntlich seit über einhundert Jahren – früher als alle anderen westeuropäischen Staaten – über ein Islamgesetz, das den Islam als Körperschaft des öffentlichen Rechts anerkennt. Österreichs Islamgesetz war vor über einem Jahrhundert eine Errungenschaft, doch Gesetz bedarf der Erneuerung. Daran wird seit sechzehn Jahren gearbeitet. Nun aber ist – offenbar unter dem Druck der Geschehnisse und aus Angst, dass die FPÖ aus dem Thema politisches Kapital schlägt – ein Schnellschuss abgefeuert werden. Umstritten ist das Verbot der laufenden Finanzierung von Religionsgesellschaften aus dem Ausland. Dieser Passus ist ein unzulänglicher, ja unwirksamer Schutzwall gegen ausländisch finanzierte Hasspropaganda in Moscheen. Das Gesetz könnte kontraproduktiv wirken, Gefühle des Diskriminiertseins auslösen und zu Radikalisierung führen.

Dass uns alle das Thema Islam emotional bis zur Unerträglichkeit aufwühlt, zeigen allein schon die Postings zum Islamgesetz in einer weitverbreiteten

Tageszeitung: Da hier „keine sinnvolle Diskussion mehr stattgefunden" habe und die Postings gegen den Anstandskodex verstoßen hätten, sehe sich diese Zeitung „gezwungen, das Forum bis auf weiteres zu deaktivieren".

Was aber tun? Wie sind die überschwappenden Emotionen zu beschwichtigen? Verfehlte populistische Aktionen wie das nunmehr via Referendum in der Schweizer Verfassung verankerte Minarettverbot bringen da gar nichts – im Gegenteil: Sie gefährden die Demokratie. Und letztlich auch den Ruf des Staates, der solch fragwürdige Normen in die Verfassung aufnimmt.

Annus horribilis?

(8.1.2015)

„Annus horribilis" bedeutet „schreckliches Jahr"– eine bitter-ironische Verkehrung ins Gegenteil des lateinischen „annus mirabilis" (Jahr der Wunder), ein geflügeltes Wort, das im Jahr 1667 in einem Gedicht des englischen Literaten John Dryden geprägt wurde. Ein „wunderbares" Jahr war 1666 allerdings nicht gerade – es war das Jahr des verheerenden „Great Fire", des Brandes von London. Außerdem wütete damals in London die Pest. Dryden soll mit „annus mirabilis" zum Ausdruck gebracht haben, dass die Dinge noch weit schlimmer hätten sein können. Schwer vorstellbar. Als Queen Elizabeth II. in ihrer Rede in der Guildhall in der City of London am 24. November 1992 auf das zweifellos schwerste Jahr ihrer Regierungszeit zurückblickte, bezeichnete sie dieses als „annus horribilis" – ein Jahr, auf das sie, wie sie mit vornehm-englischem Understatement formulierte, „nicht mit reiner Freude zurückblicken" werde. Der Ausdruck war sofort in aller Munde.

Ein „annus horribilis" war auch 2014 – nicht für die Queen, sondern für uns alle. Ein Jahr, in dem Brutalität, Fanatismus und hemmungslose Geldgier neue Tiefpunkte erreichten: Enthauptungen durch muslimische Fanatiker, Terrorkrieg der IS-Dschihadisten in Syrien und dem Irak, Tausende von Raketen, die aus dem Gazastreifen auf Israel abgeschossen wurden, Tunnels, die der Vorbereitung von Terrorakten dienten und der Missbrauch von Zivilisten als „menschliche Schutzschilder" durch die Hamas – mit verheerenden Folgen. Putins Annexion der Krim und der Stellvertreterkrieg in der Ostukraine samt Abschuss eines Zivilflugzeugs mit Hunderten von Toten. Ein Jahr mit neuem, massenhaftem Flüchtlingselend, das im zynischen Verbrechen gipfelte, ein vollbeladenes Flüchtlingsschiff führerlos mit Kurs auf das italienische Festland sich selbst zu überlassen, nachdem die Schlepper groß abkassiert hatten. Vor Jahresfrist hatte man das Gedenkjahr für 1914 eingeläutet, gedachte schaudernd der unsäglichen Gräuel des Ersten Weltkriegs und zelebrierte so mit naiver Selbstverständlichkeit eine aufgeklärte Neue Welt, in der UNO, EU und zahlreiche Völkerrechtskonventionen Stabilität in Europa und weltweit Frieden garantieren, Menschenrechte gewährleisten und die Armut bekämpfen. Ein Jahr danach müssen wir resigniert feststellen: Dem war nicht so.

Und Österreich, diese „Insel der Seligen"? Ein Jahr der politischen Stagnation, in dem sich die Repräsentanten der beiden „Reichshälften" zur Schlacht um die Steuerreform in ihren Schützengräben verschanzten, während, wie in der NZZ kürzlich zu lesen war, Österreich wegen seiner chronischen strukturellen Schwächen „in fast allen Vergleichen von Standort und Wettbewerb kontinuierlich an Boden verliert" und doch zugleich in der EU eine Spitzenposition einnimmt – allerdings nur, was die Inflationsrate betrifft. annus horribilis also auch hierzulande? Kaum spürbar, vorerst, weil abgedämpft durch Wohlstand und Walzerseligkeit.

Komplizen
(8.1.2015)

Vor einer Woche habe ich an dieser Stelle das vergangene Jahr 2014 das „annus horribilis" verabschiedet. Mit gutem Grund. Noch am Tag bevor dieser Gastkommentar erschien, wurde jener mörderische Terrorakt in Paris verübt, der die ganze zivilisierte Welt in einen Schockzustand versetzt hat – gefolgt von weiteren: Das Jahr 2015 hat „horribile" begonnen und es besteht wenig Hoffnung, dass es weniger zum „annus horribils" wird als das vorangegangene. Leider.

Der beim Attentat auf „Charlie Hebdo" ermordete Karikaturist und Journalist Stéphane Charbonnier („Charb") hatte 2012 nach Morddrohungen im Zusammenhang mit den Mohammed-Karikaturen in einem Interview gesagt: „Ich ziehe es vor, aufrecht zu sterben, als auf Knien zu leben" („Je préfère mou

„Ein Cartoonist geht einkaufen"

„Ah so"

rir debout que vivre à genoux"). Ob ihn wohl damals eine dunkle Vorahnung dieses Bekenntnis aussprechen ließ? Seine Lebensgefährtin, Jeanette Bougrab, stellte gegenüber der BBC nach den Attentaten lakonisch fest: „It's a war" – „Das ist ein Krieg."

Fürwahr, ein Krieg – nicht nur gegen schwer bewaffnete und zu jeder Gräueltat bereite Fanatiker, sondern auch ein Krieg der westlichen Werte, der Errungenschaften der Aufklärung gegen den Rückfall ins finsterste Mittelalter, wie ihn die Islamisten mit Waffengewalt betreiben. Das Schlimme daran ist: Wir haben uns mitschuldig gemacht an dieser alarmierenden Eskalation des Terrorismus im Nahen Osten, in Afrika – und in Europa. Wir haben uns freiwillig zu Komplizen gemacht. Auch die Schweiz, die ja nach der Entführung einer Swissair-DC 8 durch die palästinensische Terrorgruppe PFLP die gefangen genommenen und verurteilten Terroristen in Koordination mit anderen Regierungen freiließen – weil jene Terroristen drohten, die auf dem jordanischen Militärflugplatz bei Zerqa festgehaltenen Zivilflugzeuge zu sprengen. Ein Dilemma, zugegeben. Aber dass ausgerechnet Leila Khaled, eine der „prominentesten" palästinensischen Terroristinnen, eingeladen wurde, eine Rede an der 1.-Mai-Feier in Zürich zu halten, war mehr als nur ein Skandal – das war obszön.

Nicht nur die Schweiz, alle Europäer praktizierten ein verheerendes Appeasement gegenüber den palästinensischen Terroristen. Zahlen belegen dies: Von den 204 palästinensischen Terroristen, die in der „Boomphase" des palästinensischen Terrors zwischen 1968 und 1975 verhaftet werden konnten, befanden sich 1975 noch genau 3 in Haft. Und nach jedem neuen Gaza-Krieg, den die Terrororganisation Hamas verursacht, indem sie Tausende von Raketen auf israelische Zivilisten abschießt und neuerdings auch Tunnels zwecks Verübung von Terrorakten in Israel anlegt, wird dies von den Europäern jeweils prompt mit neuen politischen „Belohnungen" honoriert. Dass die Hamas aus „formalen Gründen" nun plötzlich nicht mehr als Terrororganisation eingestuft wird, gehört in dieses triste Kapitel.

Dass ausgerechnet die renommierte „Financial Times" sich dazu verstiegen hat, das Attentat von Paris mit „redaktioneller Dummheit" seitens „Charlie Hebdo" zu erklären, ist – neben dem politischen – der intellektuelle Aspekt dieser Komplizität des aufgeklärten Westens mit den mörderisch-mittelalterlichen Gotteskriegern. Trotz aller Solidarität und Empörung und hastiger Aufrüstung des Sicherheitsdispositivs – wir haben vor dem Terror kapituliert, uns zu Komplizen gemacht. Wir dürfen uns nicht wundern, wenn wir den Terror auf diese Weise ermutigen – und fördern.

Totgeschwiegen

(22.I.2015)

Diese Republik findet immer die richtigen Töne – doch nicht immer die richtigen Worte. Radetzkymarsch und Donauwalzer zum Neujahr im Musikverein, und dann kurz darauf, am Ballhausplatz der Chor der gefangenen Hebräer aus „Nabucco" – zum Gedenken an die Mordopfer fanatischer Muslime in Paris. Unfreiwillige Pointe? Nur noch peinlich war allerdings die Verlautbarung der österreichischen Bundesregierung, welche den Tod von „Bürgerinnen und Bürgern unterschiedlichster Konfessionen" bedauerte, „die offenbar nur zum falschen Zeitpunkt an den Orten des Terrors waren".

Wie bitte? Ich habe mich zweifellos verhört. „Bürgerinnen und Bürger unterschiedlichster Konfessionen"? So ein Unsinn. Gemeint waren da doch wohl die vier jüdischen Terroropfer. Das Wort „Jude" scheint hierzulande immer noch so viel Unbehagen zu verursachen, dass es nicht über die Lippen kommen will. Und: „falscher Zeitpunkt" am falschen Ort? Wo wäre denn für Juden der richtige Ort und der richtige Zeitpunkt, um nicht Opfer eines Mordanschlags zu werden? Waren die österreichischen Juden 1938 dummerweise auch zum falschen Zeitpunkt am falschen Ort? Diese Regierungsverlautbarung war denkbar unsensibel. Manche empfanden sie geradewegs als zynisch. Dazu Vizekanzler und ÖVP-Chef Mitterlehner: „Ich glaube, es war die richtige Vorgangsweise und die richtige Tonalität und das richtige Wording". Na dann. Die pietätvolle Schweigeminute im Parlament konnte jedenfalls das Gesagte nicht ungesagt machen.

Die Karikaturisten von „Charlie Hebdo" wurden ermordet, weil sie Karikaturen veröffentlichten. Die Polizisten, weil sie auf die Terroristen schossen. Die Juden wurden umgebracht, weil sie Juden waren. Punkt. Das ist der Unterschied. Keine weitere Begründung, Motivation oder Rechtfertigung notwendig. „Tut nichts! Der Jude wird verbrannt", heißt es schon bei Lessing. Egal, an welchem Ort er sich aufhält – und zu welchem Zeitpunkt. Einen „richtigen" Zeitpunkt und einen „richtigen" Ort gibt es gemäß dieser Logik nicht.

Oder gibt es doch den „richtigen Ort"? Immer mehr französische Juden wandern nach Israel aus, weil sie sich dort sicherer fühlen. Siebentausend waren es allein letztes Jahr – dieses Jahr werden es deutlich mehr sein. Die vier Opfer des Pariser Anschlags wurden in Jerusalem begraben – weil sich die Trauernden an einem in Frankreich abgehaltenen Begräbnis nicht sicher gefühlt hätten. Menschenrechtsorganisationen registrieren eine dramatische Zunahme von Drohungen und Gewaltakten gegen französische Juden. Als jüdische Schüler gefragt wurden, welche unter ihnen wegen ihrer jüdischen Identität gemobbt würden, hielten sie alle die Hand hoch. Rund die Hälfte aller rassistischen Übergriffe in Frankreich richten sich gegen Juden – die nicht einmal ein Prozent der Gesamtbevölkerung ausmachen. Muslimischer Terror bewirkt die panikartige Flucht französischer Juden nach Israel – das wiederum unter anderem in den besetzten Gebieten hastig neue Wohnblöcke errichtet, um die Emigranten aufzunehmen –, was wiederum arabischen Fanatikern neuen Munition liefert, um weitere Juden umzubringen, deren Glaubensgenossen dann die Flucht nach Israel ergreifen: ein absurder Teufelskreis der Gewalt.

What next?

(19.11.2015)

„What happens next?" – „Was geschieht als nächstes?", lautet die bange Frage auf dem Titelblatt des „Independent" vom Sonntag nach einer Nacht des Schreckens, der die zivilisierte Welt aufgewühlt hat. Die britische Zeitung hüllte sich in die sonst hierzulande eher ungeliebten Farben der Trikolore – überall werden jetzt Wahrzeichen blau-weiß-rot angestrahlt, eine Welle weltweiter Solidarität, wie damals nach den Mordanschlägen vom 7. Januar auf „Charlie Hebdo". Betroffene, empörte Stellungnahmen sind seit dem Wochenende von Politikern, zahllose kluge Medienkommentare von Journalisten in die Welt gesetzt worden. Fast alles, was da gesagt und geschrieben wurde, war völlig richtig. Doch sämtliche Äußerungen lassen sich auf einen Nenner bringen: Ratlosigkeit.

Tatsache ist: Europa sieht sich gegenwärtig zwei akuten Krisen – potenziellen Katastrophen? – ausgesetzt: Flüchtlingsströmen und Terrorwelle. Ebenso klar: Die beiden Phänomene sind kausal aufs Engste verknüpft. Die Flüchtlinge fliehen aus Syrien, einem Land, in dem sie dem doppelten Terror der Assad-Diktatur und des mörderischen IS ausgesetzt sind. Und die Zentrale jener Handvoll IS-Terroristen, die es am Wochenende geschafft haben, eine bereits seit Januar auf hoher Sicherheitsstufe befindliche westeuropäischen Hauptstadt lahmzulegen, ja einer ganzen Nation den Ausnahmezustand aufzuzwingen, befindet sich ebenfalls in Syrien. Mehr noch: Einer der getöteten Terroristen war laut Angaben des griechischen Sicherheitsministers Nikos Toskas am 3. Oktober von der Türkei aus zusammen mit 69 Flüchtlingen in einem Boot auf der griechischen Insel Leros eingetroffen.

Der Terrorist trug einen syrischen Pass bei sich, er war ebenso wie die „echten" Flüchtlinge gemäß EU-Regeln registriert und durch die Personenkontrollen geschleust worden. Generalverdacht also gegen alle Flüchtlinge, die vor demselben Terror fliehen, der jetzt uns alle bedroht? Sollen wir die Notbremse ziehen und die Grenzen dicht machen? Ist das Gefahrenpotenzial, das wir uns dank humanitärer Gesinnung ins eigene Haus holen, überhaupt noch kalkulierbar?

Die Syrer, die zu uns kommen, wurden, wie leider anzunehmen ist, mit unversöhnlichem Judenhass indoktriniert. Die Konzerthalle Bataclan im 11. Pariser Arrondissement, wo das schreckliche Massaker vom Freitagabend verübt wurde, war bis vor zwei Monaten und jahrzehntelangwährend Jahrzehnten von jüdischen Eigentümern geführt worden. Regelmäßig fanden dort proisraelische Veranstaltungen statt und auch die Band mit dem makaberominösen Namen „Eagles of Death Metal", die am Schicksalsabend auftrat, hatte Sympathien für Israel bekundet. Kaum verwunderlich, dass bereits 2011 ein Terroraschlag auf das „Bataclan" geplant war.

Bilder des Grauens

(3.9.2015)

Daran wird (oder will) sich niemand erinnern: Vor einem Jahrzehnt, in der Nummer 01/2005 veröffentlichte die gepflegte Monatszeitschrift „NZZ Folio", ein Produkt aus dem Hause der altehrwürdigen Qualitätszeitung NZZ, auf Seite 31 ein schreckliches Foto: den abgerissenen Kopf einer zwanzigjährigen Palästinenserin. Sie starb als Terroristin, als Selbstmordattentäterin – und hatte sechs Menschen mit in den Tod gerissen. Im Leitartikel schrieb der Redakteur, dieses Foto „unseren Leserinnen und Lesern zuzumuten" sei kein leichtfertiger Entscheid gewesen. Man habe lange darüber diskutiert. Begründung, dieses grässlichste aller vorstellbaren Bilder zu publizieren: Die Fotos, mit denen sich Selbstmordattentäter selbst inszenieren – inbegriffen Kleinkinder, mit Sprengstoffatrappen auf Gürteln um den Bauch –, seien zwar furchtbar, aber sie zeigten „nicht die Realität der Attentate, von denen wir fast täglich in den Nachrichten hören und die uns kaum mehr berühren". Denn diese Fotos zeigten nicht, was es heißt, wenn eine Frau sich als Menschenbombe in die Luft sprengt.

Zufällig zur gleichen Zeit, im Januar 2005, zeigte das Magazin „Profil" auf seinem Cover und im Innern Fotos mit Tausenden von aufgedunsenen Leichen, Opfer des Tsunami an der thailändischen Küste. Leserbriefe nannten es „reißerisch und sensationssüchtig", die Toten zu zeigen. „Sie haben nicht das Recht, diese Bilder auf dem Cover auch jenen Menschen aufzuzwingen, die sie nicht sehen wollen, vor allem nicht Kindern."

Und wie ist es mit den Fotos der Leichenberge, welche die Befreier der Nazi-Konzentrationslager damals vorfanden? Es waren diese Fotos, welche das Ausmaß jener Massenmorde, der beispiellosen NS-Verbrechen der Welt – und insbesondere den unverbesserlichen Zweiflern und Relativierern drastisch vor Augen führten (und immer noch führen).

Darf eine Zeitung ihren Lesern das – von Menschen oder der Natur hervorgerufene – Grauen in Form von drastischen, unverpixelten Bildern zumuten? Und wozu? Das ist wohl die entscheidende Frage. Aufrütteln? Umdenken? Handeln? Die Welt verbessern? Oder ganz einfach nur das Blatt besser ver-

„Ohne hässliche Bilder geht es nicht"

kaufen mittels sensationell grässlichen Fotos, die Kontroversen hervorrufen, welche dann die Auflage noch mehr steigern?

Etwas aggressiv rechtfertigte die „Krone" am Sonntag jenes umstrittene Foto, dass durch die geöffnete Tür des Kühllastwagens einen Blick auf die Leichenberge der Erstickten gewährte. „Diese Wirklichkeit in ihrer Grausamkeit nicht zu zeigen wäre würdeloses Schweigen", ja „Verbrechen und Versagen" könnten in einer „solchen Atmosphäre der Zensur durch fehlgeleitete Moralisten" ihre „Verbreitung und Fortsetzung finden". Das ist wohl eher polemisch. Jeder muss sich dazu wohl seine Meinung selbst bilden – solange zumindest der Verdacht der Sensationsgier zwecks Auflagensteigerung besteht, dürfte die Antwort klar sein. Informieren und Aufrütteln – an sich ein legitimes Anliegen. Doch zentrales ethisches Argument: Die toten Menschen, deren Fotos so in die Finger von Tausenden Lesern kommen, von denen sicher ein Teil sensationslüstern diese Bilder betrachtet – jene Toten wurden nicht gefragt, ob jene Fotos der Öffentlichkeit gezeigt werden sollten. Die Frage der Pietät gegenüber den Opfern sollte noch vor jener der (echten oder angeblichen) Aufklärung kommen. Und schließlich haben Medien subtil-pietätvolle, stilsichere Lösungen für dieses ethische Dilemma längst aufgezeigt: „World Press Foto" des Jahres 2004 wurde die Fotografie einer indischen Frau am Strand von Cuddalore (Tamil Nadu), die vor einem durch den Tsunami getöteten Verwandten vom Schmerz überwältigt wird. Nur die offene Hand des Toten ist auf dem Foto des „Reuters"-Fotografen Arko Datta sichtbar. Die Oberösterreichischen Nachrichten jedenfalls wählten die Lösung, einer bildlosen Titelseite mit der Schlagzeile: „Kein Bild kann dieses Verbrechen beschreiben". Das ist zweifellos wirksamer als erschlichene Fotos von Leichenbergen – und unverdächtiger.

Land der Zwerge
(4.9.2014)

„Nichts Besseres weiß ich mir an Sonn- und Feiertagen als ein Gespräch von Krieg und Kriegsgeschrei, wenn hinten, weit, in der Türkei, die Völker aufeinander schlagen. Man steht am Fenster, trinkt sein Gläschen aus …" So spricht, selbstzufrieden, der Spießer in Goethes „Faust".

Auf meinem Smartphone hatte ich mir vor einigen Wochen eine neue App installiert: Sie heißt „Red Alert". In unregelmäßigen Abständen – und oft Schlag auf Schlag – gab mein Smartphone ein scheinbar harmloses Klingelzeichen von sich. Jedes trügerisch lustige „Pling" stand für eine von der Hamas aus Gaza in mörderischer Absicht auf Israel abgefeuerte und vom Abwehrsystem „Iron Shield" erfasste Rakete. Noch vor wenigen Tagen hatte das System weit über hundert derartige Raketen pro Tag registriert, seit dem Waffenstillstand herrscht nun gespenstisches Schweigen. Kurz zuvor hatte das „Profil" unter dem Titel „Was wir vom Krieg nicht sehen wollen" Fotos publiziert, die so unerträglich waren, dass man die betreffenden Seiten erst aufschneiden musste, um diese zu sehen. Das menschliche Grauen des wahrscheinlichen Abschusses der malaysischen Passagiermaschine wurde erst in vollem Umfang erfassbar, als am Fernsehen der endloser Konvoi schwarzer Limousinen mit den in den Niederlanden eingetroffenen Särgen der Opfer gezeigt wurde.

„The time is out of joint", ließ Shakespeare seinen Hamlet sagen – „Die Welt aus den Fugen" lautet der aktualitätsbezogene Buchtitel des kürzlich verstorbenen Journalisten Peter Scholl-Latour. Doch jene aus den Fugen geratene „Welt" liegt fern von uns, „hinten, weit in der Türkei". Hier, in Vorarlberg, hinter den sieben Bergen, werden bekanntlich keine Menschen entführt und anschließend enthauptet, sondern, unter beträchtlicher Anteilnahme der Weltmedien („Washington Post", BBC, NZZ), Hunderte von Zwergen. Die Vorarlberger Sozialdemokraten witterten einen Sabotageakt der ÖVP, als vierhundert Plastikzwerge mit roter Zipfelmütze, weißem Rauschebart und dunkler Sonnenbrille spurlos verschwanden. Die Gnomen, von ihren Schöpfern zeitgemäß „Cool Men" genannt, sollten einen „Zwergenaufstand" verkörpern – die Ländle-SPÖ hatte mit den Zwergen anstelle der üblichen, abgeschmackten Plakate Wahlpropaganda im Landtagswahlkampf 2014 betrieben. Originelle Idee – geholfen hat sie der zur Zwergenpartei mutierten Vorarlberger SPÖ allerdings nicht.

Statt Krieg und blindem Fanatismus walten hierzulande immer noch Humor und Selbstironie – und dafür dürfen wir dankbar sein. Doch Österreich ist nur scheinbar eine „Insel der Seligen": Auch von hier aus ziehen Möchtegern-Dschihadisten auf ferne Kriegsschauplätze, werden Hobbyterroristen angeworben, wird in Moscheen Hass und Heiliger Krieg gepredigt – und falschverstandene Toleranz könnte auch diese heile Welt dereinst aus den Fugen geraten lassen.

Ein alemannisches Utopia
(5.11.2015)

Utopia – „Ou"-„topos" – der Nichtort, der nicht, noch nicht existierende Ort. Erfunden hat ihn der Engländer Thomas Morus 1516: In einem philosophischen Dialogroman entwirft Morus eine ideale, demokratisch-republikanische Gesellschaft, die das Geld nicht kennt und Gold geringschätzt – gegründet auf Gleichheit, Gemeinschaftseigentum, Fleiß und Bildungsstreben.

Utopia existiert bereits heute: auf dem Mars. Eine (allenfalls von Marsmenschen bewohnte, aber das weiß man vorerst noch nicht so genau) Tiefebene von 3200 Kilometer Durchmesser. Und zweitens ein (ausschließlich von Aborigines bewohntes) Gebiet von 5000 Quadratkilometer mitten im australischen Outback, 240 Kilometer nordöstlich von Alice Springs.

Beides eher weit entfernt vom Ländle. Ebenso weit entfernt wie das Jahr 2045, in dem ich persönlich bei rüstiger Konstitution und bester Laune auf meinen 100. Geburtstag zusteuern werde. Und Vorarlberg? Journalisten sind keine Propheten, obwohl sie bisweilen in maßloser Überschätzung dieser Berufsgattung dafür gehalten werden – oder sich in maßloser Überschätzung selbst dafür halten.

Wie das Ländle 2045 aussehen wird? Ich weiß es, offengestanden, nicht. Ich weiß nur, wie ich hoffe, dass es nicht aussehen darf: hoffnungslos zersiedelt, die Bergwiesen von ganzjährig geschlossenen Ferienhäuschen übersät, Sesselbahnen mit geheizten Zwölfersitzen und pausenlos Werbebotschaften abspulenden Videomonitoren auf jeden Bergspitz, mit einer sechs- bis achtspurigen Autobahn Richtung Bodensee und einer Dunstglocke, die den Arlberg permanent vernebelt.

Wie ich mir, als alemannischer Nachbar und häufiger Gast in Vorarlberg, das Ländle 2045 wünsche? Als alemannische Utopie, mit einer erfolgreichen, umweltschonenden Wirtschaft, die originelle Nischenprodukte herstellt, einer intakten Landschaft mit ebenso schlichten wie ästhetischen Bauten aus Naturstein und Holz, Wiesen und Bergen voll Wild, mit einer herzlichen, ehrlichen Gastfreundschaft in gepflegten Hotels und einer zu Spitzenleistungen auflaufenden Kulinarik mit ausschließlich einheimischen Produkten und ein

117

dichtes, ökologisch perfektioniertes öffentliches Verkehrsnetz – und die Pflege des so sympathischen vorarlbergischen Understatements sowie der politischen Eigenständigkeit gegenüber Wien. Und nicht zuletzt: direkte Demokratie nach Schweizer Muster.

„Heilige Barbara"?
(14.8.2014)

Viel wurde gesagt und geschrieben über die verstorbene Nationalratspräsidentin Barbara Prammer. Dennoch: Ich habe diese außergewöhnliche Politikerin
persönlich gekannt und sie so sehr geschätzt, dass ich meine, ihr diese Zeilen
schuldig zu sein.

Im NZZ-Archiv bin ich auf einen Artikel vom 13. März 2008 gestoßen, der
auf die Gedenkstunde im Parlament zur Machtübernahme der Nationalsozia-
listen damals vor siebzig Jahren Bezug nimmt. Ich schrieb damals: „Es war die
Nationalratspräsidentin, Barbara Prammer, die von allen Rednern die klarsten
Worte fand. Sie bezeichnete den 12. März 1938 als eine der entscheidenden
Bruchstellen der österreichischen Geschichte – und damit als einen zentra-
len Bezugspunkt in den Auseinandersetzungen um das Selbstverständnis der
Zweiten Republik." In einem Parlament, in dem ein Martin Graf – „Alter
Herr der rechtsextremen Burschenschaft ‚Olympia'" – als dritter Nationalratspräsident amtieren konnte, in einem Land, das Jahrzehnte brauchte, um sich
zu einer einigermaßen klaren und aufrechten Haltung bezüglich seiner Rolle
im Nationalsozialismus durchzuringen, war ein unzweideutiger Positionsbe-
zug, wie ihn Barbara Prammer eingenommen hatte, leider eher die Ausnahme.

Dies auch in ihrem aktiven Rollenverständnis als Nationalratspräsidentin.
Dass sie stets Höchstwerte in den Beliebtheitsskalen verzeichnete, war kein
Zufall – es zeugt davon, dass sie mit ihrer integren Persönlichkeit weit über
ihre vielgeschmähten Mitpolitiker aller Parteien hinausragte. Sie versuchte,
dem österreichischen Parlament, dem im Gegensatz zur Schweiz neben der
Exekutive relativ wenig politisches Gewicht zukommt, Bedeutung zu geben.
Dass sie sich konsequent für die Renovierung des vom Zahn der Zeit ange-
nagten Prachtbaus an der Ringstraße einsetzte, war durchaus symbolisch. Als
erste Frau an der Spitze des Nationalrats war sie eine Ausnahme, die keine
Ausnahme bleiben sollte. Ebenso darf die von ihr betriebene Aufwertung des
Parlaments keine Ausnahme bilden; dies sollte die Regel werden.

Wer die sympathische und stets so bescheidene Nationalratspräsidentin
kannte, der muss sich wundern über den Pomp des Staatsaktes, mit dem die

Nation von ihr Abschied nahm. Zumal Barbara Prammer schon anlässlich der wortreichen Würdigungen zu ihrem 60. Geburtstag im Januar bemerkt hatte, diese seien doch eigentlich „zu dick aufgetragen" gewesen. In ihrem Sinne waren jene obligaten Staatsrituale kaum – und der Verdacht liegt nahe, dass hier die österreichische Politik auf Kosten der Verstorbenen eine Ersatzhandlung vollzogen hat: Nach der schier unglaublichen Häufung von Korruptionsfällen der letzten Jahre, gefolgt von einem dramatischen Vertrauensschwund gegenüber Politikern und Politik überhaupt, wurde Prammer posthum zur Projektionsfigur. Damit wurde sie zum Vorbild für künftige Politikergenerationen. Die wohlgesetzten Lobesreden auf die Verstorbenen dürfen allerdings nicht von der Tatsache ablenken, dass Barbara Prammer mit ihrer Integrität die Ausnahme und nicht die Regel in der österreichischen Politikerzunft darstellte.

Auferstehung

(12.11.2015)

In den Kinos ist kürzlich ein äußerst beunruhigender Film angelaufen: „Er ist wieder da" von David Wnendt. Die Satire, Verfilmung des gleichnamigen Romans, lässt Adolf Hitler aus den längst wieder überbauten Ruinen der Reichskanzlei auferstehen und perplex durch das heutige Berlin wandeln. Doch bald wird er in verschiedenen TV-Talkshows angeheuert und umgehend zum Superstar mit unzähligen Facebook-Likes. Den Fernsehleuten ist nicht wirklich klar, ob es sich tatsächlich um den „Führer" oder bloß um einen brillanten Parodisten handelt. Ebenso wenig wird uns Zuschauern während des ganzen Films klar, ob das Publikum im Studio oder die Passanten auf den Berliner Straßen, die dem wieder auferstandenen Monster begeistert zulächeln, gar zujubeln und seine irren Reden ganz toll finden, Schauspieler oder „wirkliche" Menschen sind. Das Lachen bleibt uns jedenfalls bei diesem als „Filmkomödie" etikettierten Streifen im Halse stecken: „Ein Hitler" hätte, so die Aussage, heute in Deutschland (und Österreich?) durchaus gute Chancen, umgehend zum Superstar zu mutieren – solange er mit griffigen Parolen um sich wirft. Ob es sich um dabei um den „echten" oder nur einen täuschend echt wirkenden „Führer" handelt, ist dabei letztlich irrelevant.

Der Film stimmt nachdenklich. Wie gefestigt sind unsere demokratisch-menschenrechtlichen Werte? Können wir sie ohne Zögern aufzählen? Stehen wir voll dahinter? Wie sehr langweilt uns die Demokratie und deren politisches Personal? Wäre da ein „kleiner Hitler" nicht wesentlich unterhaltsamer? Der Plan von Außenminister Sebastian Kurz, den Flüchtlingen unseren Wertekanon näherzubringen, ist begrüßenswert – und eine Notwendigkeit. Menschen, die direkt aus einer Diktatur wie Syrien kommen, in welcher beispielsweise ein als „Antizionismus" verbrämter, kruder Antisemitismus gepredigt und dem Volk gleichsam mit der Muttermilch eingeflößt wird, muss das Gastland vor Augen führen, dass hier nicht nur Sicherheit und Wohlstand zu erwarten sind, sondern auch das Bekenntnis zu unseren Grundwerten gefordert ist.

Dass diese allerdings auch hier akut bedroht sind, zeigt nicht nur jene Hitler-Parodie, sondern auch die reale politische Entwicklung: Ernsthafte politische Kommentatoren prophezeien einen Kanzler Strache und eine „Dritte Republik" nach Vorstellung der FPOE – eine „Demokratur" nach ungarischem, russischem oder türkischem Muster. Dass Strache nunmehr bei der „Kanzlerfrage" weit vorn liegt, beweist, dass sich neuerdings viele den Populistenchef mit seinen braunen Flecken als Bundeskanzler durchaus vorstellen können. Und dass die FPÖ bei der Generation zwischen 15 und 34 Jahren mit 19 Prozent an erster Stelle steht, wirft die Frage auf, welchen demokratischen Grundwerten diese jungen Österreicher heute noch verpflichtet sind.

Ehrenbürger Hitler

(26.5.2011)

Plötzlich musste alles ganz schnell gehen: Herbert Katzengruber, der sozialdemokratische Bürgermeister von Amstetten, stellte am Dienstag einen Dringlichkeitsantrag im Gemeinderat. Thema: Aberkennung des Ehrenbürgerrechts der niederösterreichischen Bezirksstadt. Der Ehrenbürger, um den es ging: Adolf Hitler. Amstetten hatte sich Zeit gelassen, mit dieser Sache – viel Zeit. Denn der „Führer" ist seit 1939 Ehrenbürger von Amstetten und spätestens seit 1996, als die Stadt einen Historiker mit einer Festschrift beauftragte, war diese Tatsache aktenkundig. Doch jener Text war den Stadtvätern nicht genehm, die Schrift wurde schubladisiert, und der Fall Hitler fiel erneut dem Vergessen anheim.

Der 21-jährige grüne Gemeinderat mit dem assoziationsträchtigen Familiennamen Lueger brachte die Angelegenheit aufs Tapet, die Medien berichteten genüsslich über die Peinlichkeit und der Bürgermeister sah sich zu unverzüglichem Handeln veranlasst – obwohl manche Historiker und Juristen argumentieren, eine Ehrenbürgerschaft erlösche ohnehin mit dem Ableben. Jetzt wurde Hitler die Ehrenbürgerschaft aberkannt. Der Stimme enthielten sich die fünf Gemeinderäte der rechtsgerichteten Freiheitlichen und machten damit einmal mehr deutlich, wes Geistes Kind diese FPÖ ist: Als „übereilte Aktion der SPÖ", gar als „Katastrophe" geißelten die FPÖ-Mandatare die Entthronung Hitlers.

Pech, dass es gerade das beschauliche Amstetten traf. Ausgerechnet als sich das Städtchen anschickte, sein neunhundertjähriges Jubiläum zu feiern. Und drei Jahre zuvor hatte Amstetten durch den spektakulär grauenhaften Inzestfall Fritzl Schlagzeilen in der Weltpresse gemacht. Für die Grünen allerdings war die Sache nicht ganz erledigt: Fragwürdig erschien ihnen die Ehrenbürgerschaft des einstigen NS-Landrats Paul Scherpon, nach 1945 Bezirkshauptmann und Vizebürgermeister von Amstetten. Kufstein in Tirol, Schalchen im Innviertel und Waidhofen an der Ybbs wollten jedenfalls Hitler die Ehrenbürgerschaft nur zögernd aberkennen.

123

Anstreicher
(18.2.2016)

Von Bertolt Brecht stammt „das Lied vom Anstreicher Hitler": „Der Anstreicher Hitler sagte: Liebe Leute, lasst mich 'ran! Und er nahm einen Kübel
frische Tünche und strich das deutsche Haus neu an. (…) Der Anstreicher
Hitler hatte bis auf Farbe nichts studiert, und als man ihn nun eben 'ranließ,
da hat er alles angeschmiert, ganz Deutschland hat er angeschmiert." Hitler
war allerdings, ungeachtet der Brecht'schen Metapher, kein Anstreicher, sondern ein, wie er selbst zeitlebens glaubte, verkannter Künstler. Wär er's doch
wirklich geworden – die Welt sähe heute anders aus. Doch leider hatte die
Wiener Kunstakademie den nur mäßig Talentierten nicht einmal zum Probe-
zeichnen vorgelassen. So blieb es beim Kopieren von Wiener Ansichtskarten.
Das Führen des angemaßten Titels „Akademischer Maler" wurde ihm 1910
polizeilich untersagt.

Hitler, wohnhaft im Männerwohnheim Meldemannstraße, erlebte Karl
Lueger als erfolgreichen Wiener Bürgermeister – bis dieser im März 1910
verstarb. Der „schöne Karl", der Juden als „Raubtiere in Menschengestalt"
bezeichnete (und mit seinem vielzitierten „Wer ein Jud' ist, bestimme ich"
einen „selektiven Antisemitismus" betrieb), machte als Erster den Antisemitismus zum politischen Programm – und hatte damit bei den „kleinen Leuten"
durchschlagenden Erfolg. Damit wurde Lueger zum Vorbild Hitlers, der ihn
als „gewaltigsten deutschen Bürgermeister aller Zeiten" pries. Lueger wurde, obwohl von der ÖVP weiterhin verehrt, zumal für die Wiener Grünen,
zur unbequemen historischen Figur: 2012 wurde, nach langem Hin und Her,
der Lueger-Ring in den unverfänglichen „Universitätsring" unbenannt. Der
Lueger-Platz mit dem pompösen Lueger-Denkmal heißt allerdings weiterhin
so – auch die Lueger-Brücke im 14. Bezirk. Ob an diesen Orten dereinst ein
erläuterndes Schild angebracht wird, ist noch offen. Insgesamt dürften noch
fast 160 Wiener Straßen und Plätze nach illustren Nazis oder anderen Antisemiten benannt sein.

Gleich bei mir um die Ecke, an der Fassade der Technischen Universität,
prangt eine Gedenktafel für Karl Lueger. Genauer gesagt: prangte. Denn ir-

„Essen ist immer ideologisch"

gendein gewissenloser, maliziöser oder, was in Wien eher zu vermuten wäre, schlechterdings schlamperter Anstreicher hat bei der jüngsten Fassadenreno- vierung der TU die in der NS-Zeit angebrachte Gedenktafel, die daran er- innerte, dass Lueger in diesem Gebäude am 24. Oktober 1844 das Licht der Welt erblickte, mit weißer Farbe so gründlich übermalt, dass sie von ihrer Umgebung kaum mehr zu unterscheiden, geschweige denn lesbar ist. So hat ein namenloser Anstreicher das Problem Lueger zumindest an der TU-Fassade äußerst pragmatisch gelöst – vermutlich ohne zu wissen, was er tat. Eigentlich sollte man diesem kühnen Anstreicher ein Denkmal setzen – oder zumindest eine Straße nach ihm benennen. Wenn man bloß wüsste, wie er heißt.

3. Verwurstelt

Primadonna Putinesca
(18.12.2014)

Vor einigen Jahren flog ich von Wien nach Dubai – und auf dem Fensterplatz neben mir saß eine jüngere Dame, die sich auf dem Flug auffällig schlecht benahm. Was allerdings mir heute noch peinlich ist: Obwohl ein hingebungsvoller Opernfan und glücklicher Besitzer sämtlicher Netrebko-CDs, habe ich während des über sechsstündigen Flugs meine Sitznachbarin, mit der ich nur die allernötigsten Worte wechselte, nicht erkannt. Es war Anna Netrebko, wie ich beim Aussteigen an einem großen, von einer Ground Hostess hochgehaltenen Schild feststellen musste. Vielleicht ließ sich meine Verehrung für die großartige Stimme und mein Schwelgen in romantischen Arien mit der Realität der real existierenden Person hinter der Stimme nicht in Einklang bringen.

Diesen Zwiespalt dürfte inzwischen auch das offizielle Österreich verspüren. Vor acht Jahren wurde Anna Netrebko, die 2003 ihr Debüt an der Staatsoper als Violetta in Verdis „La Traviata" gefeiert hatte, die österreichische Staatsbürgerschaft verliehen – aufgrund ihrer „besonderen Verdienste". Da das berühmte Haus an der Wiener Ringstraße noch möglichst oft in den Genuss der Verdienste dieser „zweiten Callas", dieser russischen Reinkarnation der „Primadonna assoluta", kommen wollte, drückte man im Fall Netrebko selbstverständlich ein Auge zu – was ja hierzulande bei Promis durchaus nicht unüblich ist: Ihr blieb der für gewöhnliche Sterbliche obligatorische Staatsbürgerschaftstest erspart – und auch auf den Nachweis über die hinreichende Beherrschung der deutschen Sprache (die sie nicht beherrscht) wurde stillschweigend verzichtet. Vor allem musste Netrebko ihren russischen Pass nicht abgeben. Österreich lehnt bekanntlich die doppelte Staatsbürgerschaft ab. Im Prinzip.

Obwohl Netrebko als glühende Patriotin und kompromisslose Putin-Verehrerin verkündet hatte, sie sei und bleibe Russin und ihren Hauptwohnsitz in St. Petersburg sowie die Mitgliedschaft im Mariinski-Theater beibehielt, wurden in Russland dennoch Stimmen laut, die ihr Charakterlosigkeit, ja „Verrat" vorwarfen. Einen eigenartigen Loyalitätsbeweis zu Russland und Putin hat Netrebko vor einigen Tagen abgelegt: In St. Petersburg ließ sie sich mit dem ostukrainischen Separatistenführer Oleg Zarjow ablichten – und zwar vor einer Flagge von „Neurussland". Sie überreichte dem zwielichtigen Vasall Putins, der ja wohl irgendwie die Verantwortung für den Abschuss der Boeing 777, Kurs MH17 der Malaysia Airlines im Juli am 17. Juli mit 298 Toten trägt, einen Scheck über eine Million Rubel (15.000 Euro). Dies sei, erklärte die in die Defensive gekommene Netrebko, völlig unpolitisch gemeint gewesen – ein Beitrag für das Opernhaus von Donezk. Dennoch reagierte man im österreichischen Außenministerium wenig erfreut über diese großmütige Geste und bezeichnete sie unverblümt als „absolut problematisch". Auch Austrian Airlines, die mit der Operndiva geworben hatten, ließen die Plakate umgehend verschwinden – was doch irgendwie an stalinistische Praktiken des Wegretuschierens von über Nacht in Ungnade gefallenen „Unpersonen" erinnert. Und was „die Netrebko" betrifft: Vielleicht hätten ihr ein paar Lektionen Staatsbürgerkunde doch nicht geschadet.

Peinlicher Partner Putin
(26.6.2014)

Vor genau einem Monat habe ich an dieser Stelle kritische Worte über den geradezu peinlich devoten Empfang für Wladimir Putin in Wien geäußert. Damals konnte man allerdings noch nicht wissen, dass die bloße Peinlichkeit, mit der das offizielle Österreich aus der internationalen Front ausscherte und den Krim-Annexionisten Putin mit schleimigem Charme hofierte, sich großartig zu ost-westlichen „Brückenbauern" erklärte, um so den eigenen Opportunismus notdürftig zu kaschieren, zu weit Schlimmerem werden sollte.

Denn inzwischen ist, wie wir alle wissen, Schreckliches geschehen – und der ganze Schrecken konzentrierte sich für mich in einer einzigen Fotografie: Ein bulliger Angehöriger der ukrainischen Separatisten im Kampfanzug, seine automatische Waffe locker über dem linken Arm balancierend, hält mit der Rechten ein schwarz-weißes Stofftier in die Höhe. Das Kinderspielzeug hat den Absturz der Boeing 777, Kurs MH17 der Malaysia Airlines, unversehrt

„Allein in den Weiten Russlands"

129

„Der prorussische Problembär"

überlebt – das Kind, das sein Spielzeug, wie wir uns denken können, während der Explosion der Maschine umklammerte, nicht. Das verwaiste Kuscheltier steht für die 80 toten Kinder unter den insgesamt 298 getöteten Passagieren. Ein Bild, das jeden Menschen zu Tränen erschüttern muss – außer einem, wie zu vermuten ist: Wladimir Putin, den KGB-gestählten, gnadenlos kalkulierenden Machtmenschen. Wenn die von ihm unterstützten ukrainischen Separatisten tatsächlich – was allgemein angenommen wird, aber noch nicht bewiesen ist – die Lenkwaffe vom Typ BUK SA-11 auf die malaysische Passagiermaschine abgefeuert haben, so war dies weniger ein Versehen als vielmehr ein Massaker, verübt von verantwortungslosen Marodeuren, für deren mörderisches Tun letztlich einer die Verantwortung trägt: Wladimir Putin.

Der österreichische Außenminister Kurz tat ganz ordentlich seine Pflicht und forderte mit Nachdruck die lückenlose Aufklärung der Absturzursache, freien Zugang für Experten zur Absturzstelle, ordentliche Beerdigung der Opfer etc. Alles schön und gut. Währenddessen hält sich die übrige Bundesregierung wieder mit ihrem üblichen kleinkarierten Koalitionshickhack bei Laune. Der großartige Putin-Besuch, der doch erst einen Monat zurückliegt, soll dabei möglichst rasch in Vergessenheit geraten. Stimmt: Die Medien sind inzwischen mit ganz anderem beschäftigt. Aber es wäre ihnen zu wünschen, den Regierenden und Wirtschaftstreibenden dieser wohlhabenden, selbstzufriedenen Alpenrepublik, dass es sie nachträglich doch ein ganz klein wenig wurmt, den skrupellosen Autokraten Putin noch vor kurzem so überaus nett empfangen zu haben. Vielleicht, es wäre wahrhaft viel verlangt, schämt man sich sogar, insgeheim. Denn ein kleines bisserl machte man sich mitschuldig, mit jener harmlosen Nettigkeit, am Ungeheuerlichen.

Kasachischer Krimi

(5.3.2015)

Der britische Komiker Sacha Baron Cohen, der in der Figur des kasachischen Fernsehreporters Borat Sagdijew mit seiner bitterbösen Satire über Kasachstan (und vor allem die Vereinigten Staaten) im Jahr 2006 die Kinos im Sturm genommen hatte, stellte klar: Nicht Kasachstan werde der Lächerlichkeit preisgegeben, sondern die Leute, die glauben, dass Kasachstan, so wie er es beschreibe, wirklich existieren könnte.

Nun, die kasachische Realität übertrifft selbst die bösartigste Satire – nur dass einem angesichts des realen Kasachstan das Lachen im Hals stecken bleibt. Der kasachische Krimi, mit allen zugehörigen Attributen – grausame Folter, in Fässern eingepökelte und in Gefängniszellen baumelnde Leichen, Erpressungen, politische Ränke, Millionenbeträge, Korruption, Ämterschacher – dieser Krimi also, der sich in diesen Tagen vor unseren Augen abspielt, wirft nicht nur ein Schlaglicht auf den riesigen zentralasiatischen Staat, der vom Despoten Nursultan Nasarbajew mit starker und mitunter auch brutaler Hand geführt wird. Dieser blutige Krimi wirft ganz nebenbei auch ein Licht auf das bieder-demokratische Österreich – weniger ein Schlaglicht als vielmehr ein schummriges Zwielicht.

Rachat Alijew, einst Botschafter und Vizeaußenminister Kasachstans, stellvertretender Chef des kasachischen Geheimdienstes, Exschwiegersohn des kasachischen Machthabers, Multimillionär oder eher Milliardär – tot aufgefunden in seiner Zelle der Justizanstalt Wien-Josefstadt am 24. Februar um 7.20 Uhr. War es Selbstmord oder Mord? Möglicherweise wird man es nie erfahren. War Alijew Opfer oder Täter? Vermutlich beides. Die ganze Wahrheit in diesem kasachischen Krimi wird wohl nie ans Tageslicht kommen.

Was den Beobachter an dieser Sache mehr interessiert: Was hat die österreichische Politik, was haben deren Exponenten im Zwielicht dieses blutigen Krimis verloren? Dass es um Geld, um viel Geld, dass es um handfeste wirtschaftliche Interessen geht, liegt auf der Hand. Neben Erdöl und Erdgas verfügt Kasachstan über beträchtliche Mengen an Rohstoffen. Das Skurrile ist allerdings, dass selbst der kasachische Krimi unausweichlich dem österreichischen Schema der „beiden Reichshälften" unterliegt: hie rot, hie schwarz – hie SPÖ, hie ÖVP. Die

DER **KALTE KRIEG** IST ZURÜCK!

WIEN IST WIEDER DIE HAUPTSTADT DER **SPIONE**

ÖSTERREICH IST TREFFPUNKT COOLER **AGENTEN**...

NEIN. DIE SEHEN LEIDER NEUERDINGS **SO** AUS...

„Flashback"

„rote" Partie steht auf der einen Seite – der „rote" Exkanzler Alfred Gusenbauer berät seit 2010 den kasachischen Diktator Nasarbajew, und der mit Gusenbauers persönlich und politisch befreundete Wiener Staranwalt Gabriel Lansky vertritt die Witwen der angeblich von Alijews Schergen ermordeten Nurbank-Manager.

Der „schwarze" Justizminister der Republik, Wolfgang Brandstetter, stand hingegen auf der anderen Seite – er war als Rechtsberater für Rachat Alijew tätig und soll sich diesem auch bei seiner Aufenthaltsberechtigung und der Abweisung der kasachischen Auslieferungsbegehrten als hilfreich erwiesen haben. Darüber, ob der niederösterreichische Landeshauptmann Pröll, der mächtigste Mann der ÖVP, beim Fall Alijew im Hintergrund eine Rolle gespielt haben könnte, lässt sich trefflich spekulieren. Ob und welche – auch das wird man vermutlich nie erfahren.

Für eine Pointe jedenfalls sorgte „Borat" unfreiwillig noch sechs Jahre nach seinem Erscheinen in den Kinos: Als in Kuwait im März 2012 die zehnte arabische Schützenmeisterschaft abgehalten wurde und die Kasachin Maria Dmitrienko auf dem Siegerpodest stand, um sich ihre wohlverdiente Goldmedaille um den Hals legen zu lassen, ertönte die kasachische Nationalhymne – allerdings nicht die richtige, sondern die böse Parodie aus dem Film „Borat".

Geheimnisträger
(12.6.2014)

Die ÖVP will wieder in Erscheinung treten und sich mit neuen Ideen profilieren – ein verständliches Anliegen, nach dem zwar nicht wie befürchtet katastrophalen, aber mit minus drei Prozent und dem Verlust eines Mandats nicht eben glänzenden Abschneiden bei den EU-Wahlen. Die Volkspartei hat ihr Ziel erreicht: Sie ist in die Schlagzeilen gekommen. Das ist aber auch alles: Einen großen Dienst hat sie sich mit ihrem Vorstoß nicht erwiesen, politische Klugheit sieht anders aus. Der zweite Nationalratspräsident Karlheinz Kopf, ÖVP, fordert eine „Geheimschutzverordnung". Der Begriff, der meines Wissens gar nicht existiert, klingt nicht nur archaisch und irgendwie nach k. u. k. Monarchie – er ist es auch, und er hätte sich ohne Zweifel nahtlos ins monarchische Demokratieverständnis eingefügt. Mit aktuellen Vorstellungen von Demokratie hat der sperrige Begriff und das, was dahinter steht, wenig zu tun.

In einer Zeit, da angesichts von ausuferndem Lobbyismus und Serien von Korruptions- und Bankenskandalen die demokratiepolitisch eminent wichtige Forderung nach Transparenz und nach Erläuterung der immer undurchschaubarer werdenden Vorgänge durch informierte Journalisten immer lauter wird, hat eine „Geheimschutzverordnung" nichts verloren.

Die Geschichte zeigt immer wieder, dass keine Dämme stark genug sind, den reißenden Strom ideeller oder technologischer Innovationen aufzuhalten. Die neuen schnellen, einfachen, für jeden zugänglichen und damit „demokratischen" Kommunikationsmittel haben Information und Medien revolutioniert und demokratisiert, sie sind zu einer Realität geworden, die sich nicht mehr wegdenken lässt. Geheimhaltung lässt sich nur noch sehr beschränkt durchsetzen – und sie widerspricht diametral der Idee des Parlaments als eines öffentlichen Forums und nicht als eines Orts der geheimen Packeleien. Abgesehen davon, dass die NSA eh schon alles mitbekommen hat, je geheimer, desto eher.

Eine Handvoll Hanf
(30.10.2014)

Das Thema ist zwiespältig, dies musste auch das Nachbarland Schweiz erfahren, wo die Verfassungsinitiative „Pro Jugendschutz – gegen Drogenkriminalität" vor sechs Jahren mit 63 Prozent Gegenstimmen deutlich abgelehnt wurde – nach jahrelangem Hin und Her, das diese Zwiespalt illustrierte: 2001 war die Regierung der Eidgenössischen Kommission für Drogenfragen EKDF gefolgt, die sehr forsch die Legalisierung von Konsum, Anbau und Handel mit Cannabis empfohlen hatte. Dann aber scheiterte diese progressive Linie am Nationalrat. Doch irgendwie setzt sich auch in der Schweiz, wo schätzungsweise eine halbe Million Menschen mehr oder weniger regelmäßig Cannabis konsumieren, die vielbeschworene „normative Kraft des Faktischen" durch, mit einem faulen Kompromiss: Wer erwischt wird, zahlt 100 Franken – deutlich weniger als die meisten Bußen für Autofahrer.

Für die Legalisierung von Cannabis spricht einiges: Verbote haben schon immer zu florierender Kriminalität geführt: vom Gangstertum, das in der puritanischen „Prohibition" für Alkohol in den USA (1920–1933) florierte, bis hin zu den mörderischen „Kokain-Kartellen" und der „Narco-Guerilla" in Lateinamerika. Und die Vermögenden konnten ihren „Stoff" eh immer beschaffen: Bourbon in den 1920ern und Kokain heute. „Hasch" war in den 1960ern nicht nur bei Hippies in: Zu den willkommenen Eigenschaften des glimmenden Hanfstengels kamen oft der Gruppedruck, sich vom spießigen „Establishment" abzusetzen, und der prickelnde Reiz des Verbotenen. Was immer die heutigen Cannabiskonsumenten antreiben mag – diese Motive sind es kaum mehr. Doch das Argument, dass Jugendliche in Kontakt mit zwielichtigen Dealern kommen könnten und Cannabis dann zur Einstiegsdroge für weit gefährlichere würde, wiegt schwer. Legalisierung wäre da eher Schutz als Gefährdung.

Ich kenne einen an MS (Multiple Sklerose) Erkrankten, dem offenbar einzig der regelmäßige „Joint" Linderung verschafft. Angeblich kämpfen hinter den Kulissen Pharmakonzerne, die den Umsatz ihrer oft viel schädlicheren Medikamente bei Legalisierung von Cannabis (das im alten China, in Indien

„Wirkung und unerwünschte Nebenwirkungen"

und Ägypten schon vor Tausenden von Jahren als natürliches Heilmittel Anwendung fand) bedroht sehen. Und Cannabistote wurden anscheinend bisher noch nirgendwo nachgewiesen. Ungeklärt ist aber die Schädlichkeit für Jugendliche in der Pubertät. Dass hier konsequent Altersgrenzen gezogen und Vorsichtsmaßnahmen gesetzt werden müssen, ist offensichtlich. Die von der FPÖ gern beschworenen „Hasch-Trafiken", noch offene Drogenverkaufsstände, wie ich sie kürzlich in der „Freistadt" Christiania einem skurrilen Hippie-Überbleibsel in Kopenhagen, angetroffen habe, wird es mit Sicherheit weder in Österreich noch der Schweiz geben. Aber hoffentlich mehr Realismus und Aufrichtigkeit im Umgang mit dem Thema.

Die Maus, die brüllte

(26. 6.2014)

Da fällt einem fast zwangsläufig die Filmsatire aus dem Jahr 1959 ein, mit dem grandiosen Peter Sellers in der Hauptrolle: „Die Maus, die brüllte". Da ging es um das (natürlich fiktive) kleinste Land der Welt, das in den Alpen gelegene (!) und vor allem von der Rotweinproduktion lebende (!) Herzogtum Groß Fenwick, das sich auf einen wohlkalkulierten Krieg mit den Vereinigten Staaten einließ. Auch die kleine Alpenrepublik Österreich, die sich nebenbei aus touristisch-nostalgischen Motiven heraus durchaus gern mit monarchischen Elementen schmückt, ist gelegentlich so eine Maus, die brüllt und sich mit den ganz Großen dieser Welt einlässt. Ach wie gern träumt man hier vom Gipfeltreffen zwischen Kennedy und Chruschtschow in Wien im Frühsommer 1961 auf dem Höhepunkt des Kalten Krieges, der hier, in der versöhnlich-gemütlichen Atmosphäre zwischen Donau und Grinzing um ein Haar beigelegt wurde. Stimmt zwar nicht ganz, denn der Gipfel der beiden Giganten endete ergebnislos – aber der Mythos lebt munter weiter.

Wieder ist Kalter Krieg, wieder ist der Beherrscher des Kreml in Wien, wieder brüllt die Maus. Zwar fehlt diesmal der Gesprächspartner von der Gegenseite, aber das ist ein Detail. Mehr noch: Österreich geriet ins Kreuzfeuer der Kritik, seitens der USA, die unmissverständliche Worte benutzte, seitens der EU – und, pikanterweise, ausgerechnet durch den Außenminister des ebenfalls neutralen Schweden, Carl Bildt. War doch einer der Rechtfertigungsversuche vom Ballhausplatz die Vermittlungtätigkeit des Neutralen.

Alles in allem ist das wieder ein so recht österreichischer Dreh. Der Zeitpunkt der Visite ist grandios gewählt – ausgerechnet wenn die EU und die USA ihre Sanktionen zu verschärfen trachten. Die österreichischen Spitzenpolitiker verrenken sich die Münder, um den Besuch zum Gesprächs- und friedensfördernden Anlass zu veredeln, während unverhohlen der wahre Besuchszweck zelebriert wird: der Vertrag zwischen Gazprom und OMV, die Lancierung der unter anderem in Wien-Baumgarten mündenden South Stream Pipeline. Dafür zog der gewiefte Stratege Putin ein Zückerchen aus der Tasche seines Maßanzugs: die Sistierung der Pauschalgenehmigung zu einem Militäreinsatz

„Problembärenflüsterer"

in der Ukraine. Um den Gastgebern doch einen kleinen politischen Erfolg zu gönnen. Doch so nebenbei kann Putin Zwietracht in der EU sähen, und vor allem erhält der russische Potentat in Wien ein Bisserl dringend benötigter internationaler Rückendeckung – aber, keine Angst, nicht zu viel, denn dies ist offiziell ja kein Staats, sondern nur ein Arbeitsbesuch und vor der Hofburg trat nicht das „Ehrenbataillon" an, sondern bloß die „Ehrenkompanie" – österreichische Feinheiten, mit denen man sich durch den Zwiespalt zwischen Solidarität und Geschäft so hindurchmogelt. Dafür bestand kein Zweifel, aus welcher innenpolitischen Ecke der Applaus kam. Bravo.

Wir sind Weltmeister!
(17.7.2014)

„Argentinien ist Papst, Deutschland ist Weltmeister", stellte die „Frankfurter Allgemeine Zeitung" am Montag fest – als Paraphrase auf das einst (genauer: am 20. April 2005) von der „Bild"-Zeitung geprägten Jubelwortes „Wir sind Papst". Nun, beide Päpste, der zurückgetretene deutsche (Benedikt XVI.) und der amtierende argentinische (Franziskus) hatten es in der Schicksalsnacht auf Montag vorgezogen, vorzeitig zu Bett zu gehen, nachdem auf den Bildschirmen weltweit nach wie vor nur das schreckliche 0:0 zu sehen war, und nicht abzuwarten, mit welchen fußballtechnischen Tricks denn das Patt aufgelöst werden sollte. Ich, alles andere als ein Fußballexperte und sicher kein Fußballfan, aber meiner zeitweiligen Heimat Argentinien doch noch irgendwie sentimental verbunden, tat es den beiden Päpsten im fernen Rom gleich und ging – an diesem Abend schon etwas übermüdet – zu Bett und verzichtete darauf, mir den endgültigen Ausgang dieser WM live zu Gemüte zu führen: denn wer möchte schon päpstlicher sein als der Papst – oder gar päpstlicher als gleich zwei Päpste.

Als ich gerade am Einschlafen war, wurde mir dieses Ergebnis dennoch zu Ohren getragen, ob ich es wollte oder nicht: Vor meinem Fenster in dem Südtiroler Urlaubsort, in dem ich mich gerade aufhielt, brach großer Jubel los. Einmal, dann war es wieder still. Aha, schloss ich trotz Halbschlaf mit erstaunlichem Scharfsinn: Dass sich ausgerechnet eine Busladung Porteños („Hafenbewohner", wie sich die Einwohner von Buenos Aires selbst bezeichnen) in diesen Ort in den Dolomiten verirrt haben könnte, war doch eher unwahrscheinlich. Also, schloss ich messerscharf, musste es sich bei den Jubelnden um Deutsche handeln. Und da sie lediglich einmal jubelten, stand es 1:0. Für Deutschland. Fall klar. Ich drehte mich um und schlief weiter.

Die Schweiz hatte sich tapfer geschlagen gegen den zweifachen Exweltmeister Argentinien und wenn in der fast allerletzten Minute dieser blöde Torpfosten nicht im Wege gestanden hätte – wer weiß. Aber ich bin, wie gesagt, weit davon entfernt, etwas von Fußball zu verstehen. 1,944 Millionen Österreicher – ein Viertel der Gesamtbevölkerung, immerhin – erhielten im ORF-

139

Fernsehen zwar keine Gelegenheit, der eigenen Mannschaft zuzujubeln. Aber Österreichs größte Tageszeitung unter der Federführung des Herrn Jeannée machte den Bewohnern der Alpenrepublik unmissverständlich klar, für wen ihre Herzen zu schlagen hatten: Für „deutsche Tugenden". Für das „Aufbäumen in scheinbar aussichtsloser Situation" – „heute die Brasilianer und morgen die ganze Fußballwelt. Mit einem Endspielsieg in Rio". „Jogi, Jogi über alles, über alles in der Welt". Hoppla. Das klingt ja wie der neueste Wehrmachtsbericht von der Ostfront. Der Krieg ist aus, Herr Jeannée, falls Ihnen das entgangen sein sollte. Gott sei Dank. Und die Wehrmacht hat ihn Gott sei Dank verloren. Das NS-Reich ist untergegangen, Herr Jeannee. Götterdämmerung. Der Fußballmannschaft der Bundesrepublik Deutschland allerdings sei der wohlverdiente Sieg im Endspiel der WM, der dennoch kein „Endsieg" war, von Herzen!

Happy End?
(13.11.2014)

Als am letzten Sonntag siebentausend weiße Heliumballons langsam zum Himmel über Berlin entschwebten, wurde die Berliner Mauer, welche während Jahrzehnten als betonschwerer Trennriegel die Unüberwindbarkeit des Eisernen Vorhangs zwischen Ost und West – und damit den Kalten Krieg – verkörpert hatte, symbolisch zu einem schwerelosen Nichts: Vor einem Vierteljahrhundert hatte sich diese Grenze zwischen den Systemen, welche für die Ewigkeit errichtet schien, mit der Leichtigkeit von Luftballons aufgelöst. Happy End für Europa, ja für die Menschheit? Happy Ends gibt's bekanntlich nur im Märchen, wenn der böse Drache besiegt ist, wenn Prinz und Prinzessin sich glücklich die Hände reichen.

„The End of History", das Ende der Geschichte, hatte 1992, drei Jahre nach dem Mauerfall, der amerikanische Politikwissenschaftler Francis Fukuyama in einem Artikel und einem Buch proklamiert, das zwar wenig gelesen, aber oft zitiert wurde. Mit Fukuyama habe ich gemeinsam, dass ich im selben Jahr wie er geboren wurde und damit die gleichen Kapitel der Weltgeschichte – Wirtschaftsboom und Kalter Krieg – miterlebte. Auch mich hatten 1989 die historischen Ereignisse überrascht und mit Fukuyama teilte ich den Optimismus, dass nunmehr eine weltumspannende Ära der Demokratie und des Friedens angebrochen sei.

Weit gefehlt. Die brutale Tagesaktualität von ISIS über Hamas bis hin zur Ostukraine lehrt uns, leider, das Gegenteil. Wladimir Putin hat dem amerikanischen Präsidenten, seit den amerikanischen Wahlen nur noch eine mehr oder weniger hilflose „Sitting Duck", den Rang als „mächtigster Mann der Welt" abgelaufen – und hat mit eiserner Härte begonnen, ein (redimensioniertes) postsowjetisches Imperium aufzubauen. In seinem Treffen mit dem chinesischen Staatschef Xi Jinping hat er begonnen, eine politische Allianz zu schmieden, mit der den USA die Stirn geboten werden soll: Die Machtpolitik Moskaus in der Ukraine und auf der Krim sowie das Durchgreifen Pekings in Hongkong sind Herausforderungen gegenüber dem Westen – und insbesondere der flügellahmen USA. Der Gegensatz zwischen Ost und West setzt

141

sich fort, auch wenn in Moskau und Peking das Deckmäntelchen der kommunistischen Ideologie einem knallharten Kapitalismus gewichen ist. Und in diesem Spannungsfeld von Ost und West ein unentwirrbares Geflecht nahöstlicher Konflikte, deren mörderische Fronten zunehmend unklarer werden. Die Weltgeschichte geht weiter – von Happy End keine Rede.

Freund Freund

(8.5.2014)

Herz für Österreich, Hirn für Europa – was aber soll die Hand? Den vorbehaltlosen Einsatz der ersten beiden Organe müssen wir Eugen Freund und seinem EU-Wahlplakat ganz einfach glauben, so wie wir in der Politik letztlich immer auf den Glauben angewiesen sind, bis uns Politiker, einmal gewählt, eines Besseren belehren. Was aber tut diese Hand? Rückt sie die Krawatte des angehenden EU-Politikers zurecht? Will sie viele andere Hände schütteln? Kann sie sich hohl machen, zugunsten der guten Sache? Offenbar konnten jene, die uns Freund – den bewährten Journalisten, aber Newcomer auf dem schlüpfrigen politischen Parkett – mit Herz und Hirn (unsichtbar) und Hand (sichtbar) präsentierten, darauf auch keine schlüssige Antwort finden. Denn

„Eugen Freund im Politikdschungel"

plötzlich war die Hand spurlos verschwunden, auf den neueren Freund-Plakaten. Was allerdings bleibt: die leichte Verwirrung des zu Arbeitergehältern befragten Spitzenkandidaten der Arbeiterpartei – und die kleine Verwechslung zwischen Straßburg und Brüssel, immerhin Freunds künftige Einsatzorte. Aber das war wohl bloß ein Freund'scher Versprecher.

Krumme Gurken, schimmernde Paradeiser, glückliche Schweinderln – Kraut und Rüben, sprichwörtlich gesprochen, leuchten uns von den Plakaten der Grünen entgegen. Schon recht. Die stehen ja fürs Organische. Nachdem also bestens dafür gesorgt ist, was auf den Teller zu kommen hat, gibt es selbstverständlich auch eine Partei, die über den Tellerrand hinausblickt. Und was erblickt der hoffnungsvolle Neos-Wähler jenseits des Tellerrands? Phrasen.

Also wendet er sich hoffnungsvoll jenen zu, die stets eine klare Antwort für alles parat haben, Blick stramm nach rechts. Und was erblickt er da? Den Mann aus urgermanischem Geschlecht (Vilimsky), dargestellt als Klon (Anzug, Lächeln, Blick) des allseits beliebten Heinz-Christian Strache. Sie und nur sie sprechen – nach manchen unglücklichen poetischen Anläufen („um" – „dumm" etc.) – endlich Klartext: „Österreich rechnet ab. Mit Rot-Schwarz & EU". Aha. Endlich wissen wir, wozu dieser rätselhafte Urnengang gut ist: Der österreichischen Regierung eine Quittung auszustellen. EU? Darum geht es den geklonten Herren nicht, eh egal.

Europa steht am Rand eines tiefen Abgrunds, möglicherweise einer kriegerischen Auseinandersetzung, deren Dimensionen nicht abzuschätzen sind. Da ginge es, dringend, um echte EU-Politik. Doch was lacht uns da von den EU-Wahlplakaten entgegen: Gemüse, Banalitäten, Polemik. Ich beneide die Österreicher nicht um ihre Wahlentscheidung.

Neue Grenzen
(10.9.2014)

In einer Woche findet in Schottland das mit immer größerer Spannung erwartete Referendum statt. Das Undenkbare, Utopische – zumindest war es dies, als ich in den 1990er Jahren als NZZ-Korrespondent in London wirkte – wird nun plötzlich denkbar. Great Britain könnte bald weniger „great" und das „Vereinigte Königreich" bald nur noch mit sich selbst vereinigt sein, wenn das so weitergeht. Peinlich wurde die Sache, als der britische Premierminister Cameron aus falsch verstandener Solidarität (oder Anbiederung) die schottische Flagge mit dem blauen Andreaskreuz in Downing Street hissen ließ – und diese alsbald symbolträchtig zu Boden fiel.

Zahlreiche katalonische Flaggen prangten auf den Balkonen in Barcelona, als ich die Stadt kürzlich besuchte – in Katalonien peilen die Nationalisten den 9. November an, um, dem schottischen Beispiel folgend, ein Unabhängigkeitsreferendum zu starten. Die Krim wurde gewaltsam von der Ukraine abgetrennt und die Ostukraine von den aus Moskau gesteuerten Rebellen zu „Neurussland" deklariert. Die mörderische ISIS ruft das „Kalifat" aus und eliminiert die von den Kolonialmächten willkürlich gezogenen Grenzen im Nahen Osten. Und in Europa feiern wir ein Vierteljahrhundert seit dem Fall des Eisernen Vorhangs – eine einst tödlich hermetische Grenze, der man heute friedlich entlangwandern kann, ohne die geringsten Spuren zu entdecken.

Grenzen verschwinden spurlos und zugleich sollen neue Grenzen gezogen werden. Seit Jahrhunderten scheinbar festgefügte Staatsgebilde drohen plötzlich vor unseren Augen zu zerfallen. Nichts scheint mehr gewiss. Regionen streben nach Unabhängigkeit – andere aber suchen, wenn nicht alles täuscht, den „Anschluss" …

Die NZZ hat vor einem Monat (Nummer 184, S. 23) ein interessantes und wohl auch etwas skurriles Gedankenexperiment lanciert: „Sinnstiftende Phantasien einer Grossschweiz". Nach der nur teilweise gelungenen kabarettistischen Version „Der große Kanton", wo ein Beitritt Deutschlands zur Schweiz als 27. Kanton „erwogen" wurde, lieferte die NZZ die seriöse Version nach und stellte ganz ohne Witz fest: „Der Schweiz-Beitritt ist in vielen Ländern

en vogue". Und umgekehrt kam vor vier Jahren aus den Reihen der rechtspopulistischen SVP eine Motion an den schweizerischen Bundesrat, den verfas-
sungsrechtlichen Rahmen zu schaffen, um Nachbarregionen möglichst unbü-
rokratisch als neue Kantone eingliedern zu können. Die „Welt" schrieb einst,
dass Bayern besser zur Schweiz als zu Deutschland passe, und die „Schwäbi-
sche Zeitung" behauptet, dass 86 Prozent ihrer Leser den Beitritt zur Schweiz
befürworteten.

Der Beitritt Vorarlbergs zur Schweiz, 1919 von 82 Prozent der Bevölkerung
gewünscht, scheiterte bekanntlich am Widerstand der französischen Schweiz
und der Reformierten. Was von dieser Idee blieb, war das ironische Wort vom
„Kanton Übrig". Als ich einmal in Bregenz mit dem ehemaligen Vorarlberger
Landeshauptmann Sausgruber, der auf dem Sprung zu einer Reise nach Bern
war, scherzte, ob er denn einen neuen Anlauf nehmen wolle, antwortete er
schlagfertig im Vorarlberger Dialekt: „Jetzt wömm mir nümme". Das aber
scheint, will man aktuellen Umfragen glauben, inzwischen überholt zu sein.
Österreich-Müdigkeit zwischen Arlberg und Bodensee?

Schotten und Gsiberger

(2.10.2014)

Ich komme soeben zurück von einer politisch spannenden Reise nach Edinburgh und London; während ich mich in Schottland aufhielt, haben die Schotten ihr Votum abgegeben: Sie verbleiben nun doch im Vereinigten Königreich, und die Engländer, die sich in den letzten Jahren im Allgemeinen nicht eben intensiv politisch mit ihren nördlichen Nachbarn auseinandergesetzt haben, könnten aufatmen. Können sie das wirklich? Das schottische Nein und die panikartigen Autonomiezusicherungen der britischen Regierung an die Schotten in letzter Minute haben für die Zunft Englands und des Parlaments in Westminster Fragen aufgeworfen, die fast so kompliziert (und unlösbar) erscheinen wie jene, die eine schottische Unabhängigkeitserklärung nach sich gezogen hätte.

„Die spannende Frage: Was trägt der Schotte drunter?"

„Separatisten"

Als kleine Pointe am Rande musste sich Premierminister David Cameron bei der Queen höchstpersönlich für eine unbedachte Indiskretion entschuldigen – der Premier hatte nämlich die (von einem Reporter mitgeschnittene) Bemerkung fallen lassen, die Monarchin habe vor Freude über den Ausgang des schottischen Unabhängigkeitsreferendums „ins Telefon geschnurrt". Queen Elizabeth II. ist, wie es die (ungeschriebene) Verfassung fordert, peinlich darauf bedacht, keinerlei politische Präferenzen zu äußern – sie beschränkte sich in diesem Fall auf die diskrete Ermahnung, die schottischen Wähler sollten doch bitte „sehr sorgfältig nachdenken", bevor sie ihre Stimme abgäben. Was allgemein als Appell interpretiert wurde, ein „Nein" zur Unabhängigkeit in die Urnen zu legen. Und was wiederum das satirische Magazin „Private Eye" veranlasste, dem in England äußerst unbeliebten Protagonisten schottischer Unabhängigkeitsbestrebungen, Alex Salmond, die Aussage in den Mund zu legen, dies zeige doch wieder einmal, dass die Queen überhaupt nichts von den Schotten verstehe – denn zu suggerieren, dass diese jemals über irgendetwas „sorgfältig nachdenken", stelle geradezu eine „Beleidigung des schottischen Volkes" dar.

NEUE **POLIZEI**   NEUE *WÄHRUNG*   NEUES *MILITÄR*   NEUES *ATOMPROGRAMM*

NEUE **VERFASSUNG**   NEUES STAATSOBERHAUPT   NEUE SEPARATISTEN   NEUE EINSICHTEN

„Schottische Unabhängigkeit?"

Inzwischen haben auch die Vorarlberger (die ja, ganz ähnlich wie die Schotten, einst an Abspaltung dachten) ihre Stimmen abgegeben – und die Aufregung darüber war naturgemäß erheblich geringer als im Königreich über den schottischen Urnengang. Der Verlust der „Absoluten" für die ÖVP war zu erwarten – und die einzige offene Frage war jene nach einer künftigen Koalition. Durch seine unsägliche Bemerkung über den „Exiljuden aus Amerika" hatte sich Dieter Egger bei den letzten Vorarlberger Wahlen bis auf weiteres diskreditiert. Dies ist zwar schon fünf Jahre her, aber immer noch in lebhaft übler Erinnerung. Dass nun klar die Grünen und nicht die FPÖ als Partner im Rennen sind, war für mich bei meiner Rückkehr nach Wien die beste Nachricht. Auch die Queen hätte da geschnurrt, vor Genugtuung. Zweifellos.

Grexit

(2.7.2015)

Das „Word"-Schreibprogramm meines Laptops kennt den Begriff, der als Überschrift dieses Kommentars gewählt wurde, offenbar noch nicht und unterstreicht ihn rot, als möchte es mir signalisieren: Überleg es dir nochmal. Doch „Grexit" ist in diesen Tagen wohl das häufigste Wort, das aus dem Munde der Europäer kommt – und „Grexit" hat zweifellos die besten Chancen, Begriff des Jahres 2015 zu werden. Dies lässt sich schon jetzt, in der Jahresmitte, klar feststellen – und auch „Word" wird sich schleunigst an „Grexit" zu gewöhnen haben, ohne gleich lehrerhaft mit dem Rotstift dazwischenzufahren.

Jeder weiß, wie „Grexit" gebildet wurde – ist ja auch ganz einfach: „GR" steht auf der Rückseite jedes griechischen Autos, das weiß jeder, der einmal in Griechenland Urlaub gemacht hat. Und „Exit" steht an jedem Ausgang, eh klar. Doch da endet bereits die Gewissheit. Denn was mit uns allen, in Europa, der EU und in „Euroland" (oder, etwas technischer ausgedrückt, in der Europäischen Währungsunion EWU) in den nächsten Tagen und Wochen geschehen wird, weiß niemand – nicht die Journalisten, nicht die Wissenschaftler und schon gar nicht die Politiker, die geschäftig, besorgt und empört von Sitzung zu Telefonkonferenz eilen und angesichts der bockigen und nicht minder ratlosen Griechen keinen Schritt weiterkommen.

Es gibt Experten, die ein Untergangsszenario konstruieren: Ein Ausscheiden Griechenlands aus dem Euro wäre katastrophal für die Griechen und hätte heftige wirtschaftliche Einbußen für ganz Europa zur Folge. Dies würde die EU entscheidend schwächen und zu Verunsicherungen führen. Also Konzessionen gegenüber Athen. Und, streng genommen, ist „Grexit", zumindest als Austritt aus dem Euro, gar nicht möglich laut Maastricht-Vertrag von 1992, der nämlich nicht vorsieht, dass ein Land aus dem Eurosystem ausgeschlossen werden oder ausscheiden könnte. Absurderweise müssten die Griechen aus der EU austreten (was möglich wäre) und umgehend wieder eintreten – und dann statt des Euros die Drachme wieder einführen.

Andererseits wird argumentiert, dass nur eine harte Haltung der Europäer verhindert, dass andere Euroländer dem Beispiel Griechenlands folgen und

„Letzte Tipps für Ihren Griechenlandurlaub"

weiterhin über ihre Verhältnisse leben – auf Kosten der reicheren EU-Kollegen. Doch diese harte Haltung hieße notgedrungen, den Griechen harte Maßnahmen aufzuerlegen, was mit Sicherheit in Hellas zu Armut und Arbeitslosigkeit führen und von den Griechen als Einmischung der arroganten reichen Europäer in die stolze griechische Souveränität empfunden würde – und letztlich das Volk in die Arme der faschistischen „Goldenen Morgenröte" treiben könnte. Bei alledem versucht der griechische Premier Alexis unter zunehmender Verärgerung seiner EU-Kollegen in seinem gefahrvollen Kurs zwischen Skylla und Charybdis politisch zu überleben. Eine „mission impossible".

Die weltpolitischen Ereignisse überschlagen sich – „Grexit", anschwellende Flüchtlingsströme, IS-Terrormassaker in tunesischem Luxushotel. All dies berührt auch die Österreicher – als Touristen, als Bürger eines Eurolands und als Zufluchtsland von Asylsuchenden. All dies löst Ängste und Verunsicherungen aus. Wirklich plausible Erklärungen für diese Vorgänge hat niemand, weder Journalisten, Experten noch Politiker. Diese sind ratlos – oder sie haben simple Erklärungen und Slogans. Und so treiben die verwirrenden Weltereignisse auch hierzulande den Rechtspopulisten die Wähler scharenweise in die Arme, ohne dass diese wirkliche Antworten oder gar Belege für ihre Regierungsfähigkeit zu erbringen haben. Komfortabel für Strache und seine Mannschaft, besorgniserregend für die Nation.

Brexit – Öxit – Bauxit

(25.2.2016)

Nicht zu verwechseln: Grexit gab es nicht, Brexit wird es nach dem 23. Juni möglicherweise geben, Öxit wenn es so weitergeht auch – aber Bauxit gibt es ganz bestimmt: Ein äußerst nützliches Aluminiumerz (das übrigens auch in Österreich abgebaut wurde). Steht aber der Öxit bevor, der Austritt Österreichs aus der EU? Droht überhaupt das Ende der EU? Wenn man Österreichs Boulevardpresse glaubt (was man eigentlich nur mit gebotenen Vorbehalten sollte), könnte man das eine, das andere oder beides für durchaus möglich halten: „Immer mehr Politiker und Experten aus allen Lagern in ganz Europa" stimmten „bereits den Abgesang" auf die EU an, behauptet die euroskeptische „Krone" mit unüberhörbar schadenfrohem Unterton.

Österreich jedenfalls ist seit Einführung der Asylobergrenze (Faymanns „Plan B") und Planspielen über einen Grenzzaun am Brenner ins Schussfeld scharfer Kritik aus allen Richtungen geraten – aus Brüssel, Berlin, Rom und jetzt, nach Einberufung der Westbalkan-Flüchtlings-Konferenz in Wien, auch aus Athen. Dass Griechenland mit seiner strategisch entscheidenden Lage im Flüchtlingsstrom zwischen der Türkei und den Balkanländern von dieser Konferenz ausgeschlossen wurde, ist allerdings nur schwer nachvollziehbar. Das fanden auch die EU-Kommission sowie der niederländische Ratsvorsitz. Die grüne Nationalrätin Alev Korun prägte gar das böse Wort von der „Griechenland-Erpressungskonferenz". Der griechische Außenminister Nikos Kotzias sprach von einem „unfreundlichen Akt" Wiens. In den Chor der Österreichkritik hatte zuvor auch ein Mann eingestimmt, der die Flüchtlingsproblematik aus nächster Nähe analysiert hat – durch das Objektiv seiner Kamera. Der in Berlin mit dem „Goldenen Bären" für seine hochaktuelle Dokumentation „Fuocammare" ausgezeichnete Gianfranco Rosi: „Das, was an der österreichischen Grenze geschieht, ist eine Schande. Österreich verschließt sich, und das ist kein großes Beispiel."

Österreich als Übeltäter (wie EU und Griechen sagen) oder „Sündenbock" und „Prügelknabe" (wie „Kurier" und „Krone" schreiben)? Tatsache ist, dass Wien ebenso wenig echte Lösungen zu bieten hat wie die EU – und das Pro-

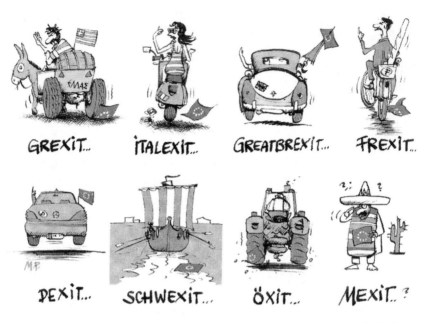

"And who's next?"

blem einfach weiterreicht, wie schon zuvor mit dem eleganten „Durchwinken" der Flüchtlinge nach Bayern. Dass aber die Europäer, von denen manche vor der größten Herausforderung der EU seit deren Bestehen kneifen, jetzt das Scheitern der „europäischen Lösung" auf Österreich projizieren, ist eine schwache Leistung – und löst vor allem keine Probleme. Die EU wird dadurch im zunehmend euroskeptischen Österreich nicht populärer: „Spinnt die EU?", titelt die Krone. Die Rechte wird damit jedenfalls noch weiter gestärkt und der Stand von pronounciert proeuropäischen Bundespräsidentschaftskandidaten, wie namentlich Alexander Van der Bellen, zunehmend schwerer. Droht am Ende tatsächlich der Öxit?

Kannibalen

(23.10.2014)

Man würde es kaum für möglich halten. Da war ich vor kurzem in Papua-Neuguinea, laut „Lonely Planet" bekannt, berüchtigt und gefürchtet als der gefährlichste Ort im Pazifik – wegen der Kopfjäger und Kannibalen. Das war laut Reiseführer allerdings im vorletzten Jahrhundert der Fall. Was aber nicht vollständig stimmt: Beim neuguineanischen Volk der Fore gab es Anthropophagie noch bis in die 1950er Jahre; erst 1953 hat dann die australische Mandatsmacht offiziell die Menschenfresserei verboten. Doch in den entlegenen Berggebieten wurde diese verwerfliche Tradition angeblich noch weiter ausgeübt.

Nicht in den abgelegenen Bergregionen des fernen Neuguinea, nein, gleich jenseits des Rheins, in der Schweiz wird, worauf Indizien unumstößlich hinweisen, Kannibalismus praktiziert – und nicht nur irgendeiner, nein, ein äußerst diskriminierender: Täter sind selbstverständlich die zahlenmäßig bei weitem dominierenden Deutschschweizer (72,5 Prozent), Opfer die Französisch sprechenden Schweizer (21 Prozent) und die kleine Minderheit der Italienisch sprechenden Tessiner (4,3 Prozent). Über die Lage der noch kleineren Minderheit der Rätoromanen (0,6 Prozent) ist nichts Genaueres bekannt. Dass die Deutschschweizer in der Schweiz die Oberhand haben, ist bekannt. Die „Welschen" haben schon immer über Benachteiligungen aller Arten geklagt, beispielsweise wenn sie in der Schule jahrelang brav Deutsch gelernt haben, zum Studium oder zur Arbeit nach Zürich ziehen und kein Wort verstehen: Weil dort jeder Schweizerdeutsch spricht und nicht Deutsch. Der vielzitierte „Röstigraben" zwischen Bern und Lausanne ist keineswegs nur eine Legende. Die Tessiner wiederum klagen, dass man über den Gotthard nur die ältesten Eisenbahngarnituren schickt und dass sich die Deutschschweizer im Ferienhaus am Lago weigern, Italienisch zu sprechen – schon weil sie es gar nicht können. Dass aber die Deutschschweizer ihre anderssprachigen Miteidgenossen nicht nur diskriminieren, sondern auch grillieren und anschließend verspeisen, stellt zweifellos eine extrem problematische Eskalation der Situation dar.

Was sind die Indizien für diese alarmierenden Zustände? Nun, die Migros, den Vorarlbergern von grenzüberschreitenden Einkaufstouren wohlbekannt, hat Bratbutter in ihr Sortiment aufgenommen, auf deren Verpackung – wie in der Schweiz üblich – die Produktbezeichnung in drei Sprachen aufgedruckt ist. Auf Deutsch steht dort korrekt „Schweizer Bratbutter", auf Französisch jedoch „Beurre à rôtir Suisses" und auf Italienisch „Burro per arrostire svizzeri". Will heißen: Butter, um Schweizer (Suisses bzw. Svizzeri) zu braten. Skandalös. Aber immerhin: Die Butter ist, wie uns die Aufschrift sagt, „Bio".

Merci chérie
(15.5.2014)

Tatsächlich – wie ein Phönix steigt Österreich nach fast einem halben Jahrhundert aus der Asche eurovisionärer Verkanntheit empor und spreizt triumphierend seine bunten Flügel: Vor 48 Jahren hatte Udo Jürgens mit seinem „Merci chérie" sein Land beim Eurovision Song Contest zum Sieg geführt. „Wir sind Sieger", jubelte „Österreich" am Sonntag in riesigen Lettern und meinte mit „wir" natürlich Österreich, ohne Anführungszeichen. Nach dem Vorbild der „Bild"-Zeitung, die ja bekanntlich am 20. April 2005 stellvertretend für die deutsche Nation „Wir sind Papst" gejubelt hatte, als Joseph Kardinal Ratzinger auserkoren wurde. „Wir": ein kollektiver Sieg der Nation; Österreichs Staats- und Regierungsspitze gratulierte vorbehaltlos. Egal ob ein

„Österreich Ver-Wurstet"

„Wahnsinn"

Sieg auf dem Fußballplatz (eher unwahrscheinlich) oder auf der Skirennpiste (schon eher) – nicht die betreffenden Sportler, nicht die Sängerin Conchita Wurst, sondern „wir", am Biertisch und hinterm Fernsehgerät, haben gesiegt, gemeinsam. Nationalstolz wallt auf, mit einem Hauch Nationalismus garniert, endlich hat die kleine Alpenrepublik nach Kampusch und Fritzl den Klatschspalten der internationalen Medienwelt wieder Erfreuliches zu bieten. Danke Conchita, Merci chérie.

Doch ebenso wenig wie die deutsche Nation – im Sinne jener scharfsinnigen „Bild"-Schlagzeile – damals kollektiv Papst oder wenigstens katholisch geworden wäre, ist die erzkatholische, grundkonservative österreichische Nation nach dem Eurovision-Sieg jetzt plötzlich über Nacht kollektiv liberal oder gar tolerant geworden. Denn Toleranz war ja die Botschaft, die Conchita als wirkungsvoll gestylte Kunstfigur verkörperte – in ihrer Aufmachung als perfektes Zwitterwesen, als bildschöne bärtige Frau, und auch mit dem von ihr gewählten Künstlernamen, denn „Conchita" ist in der spanischen Umgangssprache die Bezeichnung für das weibliche Geschlechtsorgan – und „Wurst" versteht sich eh von selbst. So durchschlagend war die Wirkung ihres Markenzeichens, dass sich die Fans umgehend schwarze Pappbärte umhängten. Ist ihnen bewusst, dass die bärtige Conchita eine Vorläuferin in der Opernwelt hatte: „Baba", die bärtige Türkin (Mezzosopran), in Igor Strawinskys Oper „The Rake's Progress"? Und zufällig heißt die Hauptfigur in dieser Oper ebenfalls Tom ...

Hat diese Nation tatsächlich Grund, sich selbst zu feiern – wenn sie ihre Realität an „Conchitas" Idealen misst? Laut aktuellen Untersuchungen vermeiden 43 Prozent der Transgender-Personen, auf die Straße zu gehen – aus Angst: Rund ein Viertel berichtet von Drohungen und Gewalttätigkeiten. 56 Prozent der schwulen und lesbischen Paare halten sich aus demselben Grund mit zärtlichen Gesten in der Öffentlichkeit zurück. Zwei von drei verheimlichen ihre Orientierung, ein Fünftel fühlt sich am Arbeitsplatz diskriminiert, Schwulenehen auf dem Standesamt sind nach wie vor tabu, die Adoption ebenso.

Toleranz

(29.1.2015)

Schauplatz: in beiden Fällen Wien. „Andersherum" bezieht sich nicht nur – aktuell in der Ballsaison – auf den berühmten Linkswalzer, sondern auf Schwule, Lesben und Transsexuelle. Wien, wie ein Phönix aus der grauen Asche der Nachkriegszeit aufgestiegen, versteht sich als bunt, kosmopolitisch, pluralistisch – und tolerant. Als der Oberösterreicher mit bürgerlichem Namen Thomas Neuwirth als bärtige Kunstfigur Conchita Wurst den Eurovision Song Contest 2014 gewann, war diese Nation stolz auf „ihren" doppelten Sieg: jenen nämlich der Conchita Wurst und den Sieg dieser Nation, die der Welt triumphierend vor Augen führte, wie aufgeschlossen, modern und tolerant sie doch sei.

NEUER
SUPERSTAR

NEUER
BUNDESADLER

NEUE
NATIONALFLAGGE

NEUE
BUNDESHYMNE

NEUE
NATIONALSPEISE

NEUES
IMAGE!

„Bundesrepublichita Österwurst"

„Es geht immer noch um die Wurst"

Wien, Ringstraße, das traditionsreiche Kaffeehaus Prückel: Da wird ein lesbisches Paar, das es gewagt hat, sich schamlos in aller Öffentlichkeit zu küssen, des Lokals verwiesen. Das geschah nicht in einem erzkonservativen Kaffeehaus wie etwa dem „Landtmann" beim Burgtheater, sondern in einem Intellektuellencafé, das vor allem von jüngeren, Zeitung lesenden, schreibenden Intellektuellen frequentiert wird. Die Geschäftsführerin des Prückel sprach von einem unangemessenen, ja provokativen Verhalten: „Anerkannte Standards des gesellschaftlichen Verhaltens" müssten von allen Gästen eingehalten werden. Aha. So viel also zum Selbstverständnis dieser Nation und ihrer Hauptstadt als tolerant, modern und aufgeschlossen.

Und dann, etwas weiter die Wiener Ringstraße entlang, das „König-Abdullah-Zentrum für Interreligiösen Dialog (KAICIID)". Das öffentliche Praktizieren anderer Religionen als jene des salafistischen Islam ist in Saudi-Arabien bekanntlich streng verboten – und natürlich auch der Bau von Kirchen, Synagogen und dergleichen. Juden beispielsweise ist das Betreten des Königreichs strikt untersagt. Informierte Diplomaten in der Donaumetropole differenzie

161

ren: Das Zentrum sei für den soeben verstorbenen Monarchen, nach dem es benannt ist, eine Art „Versuchsballon" gewesen für Dinge, die in seinem Reich tabu sind – wie der von Toleranz geprägte Dialog zwischen den Religionen. Denn Abdullah sei ein (vorsichtig) reformorientierter Monarch gewesen.

Doch leider hatte die intellektuell offenbar etwas überforderte Exjustizministerin und Exgeneralsekretärin des „Zentrums", Claudia Bandion-Ortner, mit ihrer mittlerweile zum „Un-Spruch des Jahres 2014" gekürten Antwort „Das ist nicht jeden Freitag" auf eine Interviewfrage nach Hinrichtungen in Saudi-Arabien für unliebsames Aufsehen gesorgt. Und der Leiter dieses großartigen Zentrums für „Interreligiösen Dialog" wusste zum Fall des 31-jährigen saudischen Bloggers Raif Badawi– der ja just wegen seines couragierten öffentlichen Eintretens für den „interreligiösen Dialog" zu zehn Jahren Gefängnis und eintausend Peitschenhieben verurteilt wurde – nichts Besseres zu sagen, als dass dies eine „innere Angelegenheit" Saudi-Arabiens sei.

Die österreichische Politik, die ja, ebenfalls an der Wiener Ringstraße, im Parlament, vor zwei Jahren feierlich ihr Plazet zur Eröffnung des umstrittenen Dialog-Zentrums gegeben hatte, entdeckt nun zu ihrer großen Überraschung, dass in diesem Saudi-Arabien Menschenrechte mit Füßen getreten werden. Und umgehend wurde die peinliche Angelegenheit zum politischen Spielball entlang der traditionellen politischen Demarkationslinien.

Bundeshymne als „Bildungshymne"

(23.9.2015)

Der Oberste Gerichtshof hat ein Urteil in einer Angelegenheit von höchster nationaler Wichtigkeit gefällt: Die „Töchter" dürfen nun doch – theoretisch zumindest – Einzug halten in die Bundeshymne, die bisher den „Söhnen" vorbehalten war. „Heimat bist du großer Söhne", heißt es in der vierten Zeile dieses schönen Liedes, das außer Söhnen selbstverständlich auch die Berge, die Donau, die Äcker und, als Verbeugung vor der katholischen Kirche, die „Dome", andererseits auch die industriellen „Hämmer" der Industrie besingt.

Gehämmert wird in der österreichischen Industrie nicht mehr allzu häufig und unter den Kuppeln der Dome dieses Landes leeren sich die Kirchenbänke. Aber endlich dürfen hier auch die Töchter, die ja selbst in Österreich seit langem Parlamentsabgeordnete, Ministerinnen und Parteichefinnen stellen, gebührend gewürdigt werden. Die sozialdemokratische Unterrichtsministerin Claudia Schmied hatte nämlich für einen Fernsehspot, der eine „Bildungsreform für Österreich" propagierte, die Linzer Pop-Rock-Sängerin Christina Stürmer die nunmehr zur „Bildungshymne" umfunktionierte Bundeshymne singen lassen.

In den Text hatte die Sängerin nach den Söhnen die Worte „und Töchter" eingefügt, was zwar etwas holprig klang, aber prompt für Aufregung sorgte. Während sich die Frauenministerin Gabriele Heinisch-Hosek bemühte, die eigentlich nur als Werbegag gedachte Ergänzung in die offizielle Hymne aufzunehmen – und damit am Widerstand der ÖVP scheiterte –, entbrannte ein Rechtsstreit. Das Sakrileg der Popsängerin rief die Erben der Textautorin Paula von Preradovic sowie den Sessler-Verlag als deren Rechtsvertreter auf den Plan. Eine Unterlassungsklage wurde gefordert. Doch das Höchstgericht zeigte volles Verständnis für das Anliegen der Ministerin, die in ihrem Werbespot habe zeigen wollen, wie wichtig Bildung gleichermaßen für Knaben und Mädchen sei. Von Textverstümmelung könne nicht die Rede sein. „Vielgeprüftes Österreich" – mit diesem Stoßseufzer schließt die dritte Strophe der Bundeshymne. Armes Österreich, das sich mit solchen Problemen herumzuschlagen hat. Manche mag es trösten, dass am Ende alles beim Alten bleibt und weiterhin nur die Söhne besungen werden; weniger trostreich ist die nach wie vor ungelöste Bildungsmisere.

Der wirklich allerletzte Frauenfeind
(3.7.2014)

Er sei, gab der Volks-Rock-'n'-Roller Andreas Gabalier gegenüber ORF Steiermark, „auch der allerletzte Frauenfeind". Ha! Ein Frauenfeind also ist er, wie er zugibt. Hat sich der Steirer geoutet und damit die Erklärung für die schnöde Unterschlagung der „Töchter" am Formel-1-Rennen in Spielberg nachgeliefert? Ist er der allerletzte Überlebende unter den Frauenfeinden dieser Welt oder zumindest dieser Nation? Vielleicht kann er ganz einfach nicht Deutsch; vielleicht wollte er sagen: Er sei nun also wirklich der Allerletzte, dem man Frauenfeindschaft vorwerfen könne. Aber das ist nun wirklich kompliziert und lässt sich zugegebenermaßen viel besser auf die griffige Kurzformel „allerletzter Frauenfeind" bringen. Zumal er ja im gleichen Interview betont, dass er „die Frauen umjuble, sie verehre".

Sie haben es dem lederbehosten Barden nicht gedankt, die von ihm Umjubelten und Verehrten, sie nehmen ihn beim Wort, als „allerletzten Frauenfeind", und nicht bei dem von ihm wohl gemeinten Sinn, dass für ihn persönlich ja Frauenfeindschaft tatsächlich das Allerletzte wäre. Sie sind gnadenlos über ihn hergefallen, verständlich auch, denn lange genug hat es gedauert, bis man sich in dieser Republik durchgerungen hat, diese kleine, aber doch so entscheidende sprachliche Unterlassung in der Bundeshymne zu korrigieren. Das muss man verstehen, akzeptieren, ja diesen Kampfesmut bewundern. Und Gabalier selbst müsste vielleicht mehr darauf achten, was er singt und sagt. Erschütternd nur, dass offenbar ein schwindelerregend hoher Anteil der Bevölkerung das Absingen der veralteten Hymnenfassung begrüßt. Vielleicht sind das ja alles nur Ästheten und überhaupt keine „Frauenfeinde", denen jener durch das Einfügen der „Töchter" dem Wohlklang dieser Hymne in den Weg gelegte rhythmische Stolperstein ein Stein des Anstoßes ist. Der schwülstige und nicht nur in der Söhne-Töchter-Frage hoffnungslos unzeitgemäße Text dieser Hymne ist das eine – die Melodie das andere. Dass diese mozartaffine Nation auch nur gelegentlich auf den Gedanken kam, diese doch eher mittelmäßige Komposition dem göttlichen Wolfgang Amadeus zuzuschreiben ist allerdings ein Sakrileg, das den armen

Mozart sicher mehr als zu nur einer ächzenden Drehung in seinem Armengrab veranlasst hat.

Die handfesten Tiroler machen übrigens bei ihrer Hymne nicht viel Federlesen und schon gar keine großen Worte – sie schreiten erbarmungslos zur Tat, wenn da einer kommt und das im Jahr 1948 zur Tiroler Nationalhymne erhobene Andreas-Hofer-Lied über den „treuen Hofer" verhunzt: Das kann den Frevler eine Verwaltungsstrafe bis zu 2000 Euro kosten. Hymnen sind heilig, wie man weiß – aber auch eine ständige Verlegenheit. Ich kann mich erinnern, dass man in meiner Kindheit noch am 1. August, dem Nationalfeiertag in meiner republikanischen Schweizer Heimat (als wir uns heroisch von den bösen Österreichern befreiten), inbrünstig den schwülstigen Text „Rufst du, mein Vaterland" sang – zur Melodie der monarchischen Briten „God Save the King bzw. Queen". Das war damals in manchen Nationen so üblich, da man sich keine eigene Komposition leisten konnte (oder wollte). Diese Hymne wurde 1961 durch den sogenannten Schweizerpsalm ersetzt, der die Sache auch nicht besser machte – denn er blieb ein Provisorium, permanent und bis zum Jahr 1981 musste denn das Parlament in Bern über die Gültigkeit dieser Hymne abstimmen. Inzwischen ist das Provisorium bis auf weiteres zur permanenten Einrichtung geworden („c'est le provisoire qui dure", wie der Franzose sagt), und der Text zu den feierlichen Klängen „Trittst im Morgenrot daher" (weiter geht's dann unverdrossen mit „Strahlenmeer") wurde längst vom Volksmund zu „Trittst im Morgenrock daher" umgedichtet – wofür meines Wissens keine Verwaltungsstrafe erhoben wird. Zumindest tritt da der Humor die Stelle der politisch korrekten Verbissenheit.

Helvetische Befindlichkeiten
(20.8.2015)

Als wackerer Schweizer habe ich dieses Jahr unseren Nationalfeiertag, den
1. August, in der Schweiz verbracht – und bin, wenn schon, denn schon, über
den Gotthard in die Innerschweiz gefahren, an den Vierwaldstättersee. Habe
vor Brunnen das traditionelle Feuerwerk von einem Schiff aus, natürlich namens „Winkelried", beobachtet und bin dann am nächsten Tag mit eben-
jenem historischen Schaufelraddampfschiff, der „Stadt Luzern", dem Flagg-
schiff der Vierwaldstätterseeflotte, über den See ans Rütli gefahren, an die
mythische Wiege der Alten Eidgenossenschaft. Schon der legendäre General
Guisan war 1940 mit seinen Offizieren auf dem majestätischen Dampfschiff
zum legendären „Rütli-Rapport" gefahren– und später transportierte dieses
längste, breiteste und schwerste Passagierschiff des Vierwaldstädtersees Queen
Elisabeth II. und Eva Perón.

Der Schweiz geht es, obwohl Export- und Tourismusindustrie nach der
Freigabe des Franken-Euro-Kurses gegen die ausländische Konkurrenz zu
kämpfen haben (Konkurrenzkampf hat durchaus auch stimulierende Wirkun-
gen), ausgezeichnet: Die Schweiz hat das zweithöchste Durchschnittseinkom-
men der Welt nach den USA – und im Gegensatz zu Amerika sind die Unterschiede zwischen Armen und Spitzenverdienern deutlich geringer als jenseits
des Atlantiks. Das weltberühmte Matterhorn hat Hochsaison: Täglich erklim-
men über einhundert Alpinisten dieses markante Wahrzeichen der Nation.

Doch in der Schweiz, die sich schon seit jeher als sorgfältig austarierter Ba-
lanceakt zu verstehen hatte, haben sich die Bruchstellen beunruhigend vergrö-
ßert. Der alte Graben zwischen Stadt und Land scheint sich zu vertiefen. Und
anstelle des vielzitierten „Röstigrabens" zwischen französischer und deutscher
Schweiz ist zunehmend der „Polentagraben" zwischen dem Tessin und dem
Rest des Landes getreten. Auch die Zuwanderung, vor allem der Muslime,
macht Sorgen, und die Flüchtlingsfrage ist bei weitem nicht gelöst.

So wenden sich die Eidgenossen gern mal von den wahren Problemen ab
und ganz anderen Nöten zu: Der Schweizerpsalm, „Trittst im Morgenrot daher", der vor 170 Jahren entstanden war, also nicht mehr ganz taufrisch ist,

und der 1961 provisorisch sowie 1981 ganz offiziell das altväterische „Rufst du, mein Vaterland" (absurderweise zur Melodie von „God Save the Queen") als eidgenössische Nationalhymne abgelöst hat, gilt neuerdings tatsächlich als veraltet – eine „Mischung aus Kirchenlied und Wetterbericht", wie gespottet wird. Daher war am Nationalfeiertag vor drei Jahren von der „Schweizerischen Gemeinnützigen Gesellschaft" (SGG) ein Wettbewerb für eine neue helvetische Hymne lanciert worden, zu dem immerhin 208 Beiträge eingereicht wurden. Auf der Website www.chymne.ch kann man bis zum 6. September zwischen den drei bereits in einem ersten Durchgang gekürten Spitzenreitern auswählen. Der siegreiche Vorschlag soll dann feierlich dem Bundesrat unterbreitet werden, der in seiner Weisheit über das weitere Vorgehen entscheidet. Wilhelm Tell hätte zweifellos seine Freude an der Sache. Falls er denn tatsächlich existiert hätte.

Vernunft kontra Populismus
(28.2.2016)

Am letzten Sonntag hat in der Schweiz die Vernunft gegenüber dem Populismus die Oberhand behalten – eine Ausnahme in diesen Zeiten, da angesichts der sogenannten Flüchtlingskrise die Rechtspopulisten in ganz Europa leichtes Spiel haben. In der Abstimmung über die „Durchsetzungsinitiative" wurde der Vorstoß der rechtskonservativen Schweizerischen Volkspartei (SVP) abgelehnt, welche deutlich verschärfte Gesetze für die Ausweisung von straffälligen Ausländern gefordert hatte, von fast 59 Prozent der Abstimmenden abgelehnt. Ein Katalog von mehr als fünfzig Delikten, die gleichsam automatisch zur Ausweisung führen, sollte in der Verfassung verankert werden – darunter auch Bagatelldelikte, wie wiederholte Geschwindigkeitsüberschreitungen.

Die auffällig hohe Stimmbeteiligung – die höchste seit vierzehn Jahren – zeigt deutlich, wie ernst die Stimmbürger die Vorlage und deren potenzielle Tragweite genommen haben. Dass sie die SVP-Initiative abgelehnt, aber den Bau einer zweiten Gotthard-Tunnelröhre angenommen haben, könnte einmal mehr als Hinweis auf die politische Reife des Schweizer Stimmvolks angesehen werden: Es lehnt nicht einfach mechanisch alles ab, was ihm vorgelegt wird – und genauso fällt es nicht auf populistische Stimmungsmache herein, sondern entscheidet differenziert. Ich war kürzlich in der Schweiz und mir sind die SVP-Plakate in ihrer üblichen Schwarzweißmalerei ins Auge gestochen: Weiße Schafe, welche schwarze Schafe mit unverkennbar bösem Gesichtsausdruck aus der umrisshaft dargestellten Schweiz hinauskicken.

Differenziertes Wählerverhalten, obwohl die politische Gesamtstimmung in Europa inzwischen, nach einer kurzen Phase geradezu euphorisch geprägter Offenheit („Willkommenskultur") eine dezidiert fremdenfeindliche Wendung genommen hat: Im letzten Jahr haben rechtsextrem motivierte Straftaten in Deutschland um mehr als 30 Prozent zugenommen, und im laufenden Jahr dürfte sich diese Tendenz noch verschärfen. Der deutsche Innenminister de Maizière hat festgestellt, dass die Befürwortung von Gewalt gegenüber Flüchtlingen nicht nur bei Rechtsextremisten, sondern auch in der Durchschnittsbevölkerung zugenommen habe.

Die Schweizer hingegen haben Vernunft walten lassen – und zwar unterschiedslos in Stadt und Land, und auch in Wahlkreisen, wo 2010 die sogenannte Ausschaffungsinitative der SVP Erfolg beschieden war, wie in Zürich: Diese wurde seinerzeit dort mit 52,9 Prozent angenommen, jetzt war das Verhältnis mehr als umgekehrt, zumal die Zürcher (fast genau wie der nationale Durchschnitt) die neue Initiative mit 59,9 Prozent ablehnten. Dabei zeigen die Statistiken ein krasses Bild: 25 Prozent der in der Schweiz Niedergelassenen (eine Rekordquote in Europa) und 68 Prozent der Gefängnisinsassen sind Ausländer. Dennoch gelang es der SVP, obwohl stärkste Partei der Schweiz mit 29,4 Prozent Wähleranteil, nicht, ihre Initiative durchzusetzen. Denn diese hätte nicht nur dem Wirtschafts- und Technologiestandort Schweiz potenziell schweren Schaden zugefügt – sie hätte mit der Etablierung einer Zwei-Klassen-Justiz auch den Rechtsstaat und damit die Demokratie, somit die Grundfesten der Schweiz, beschädigt. Und das haben die Wähler erkannt.

Das verflixte –i

(6.11.2014)

Wissen Sie, was ein „Glottisschlag" ist? Keine Angst, auch ich wusste das nicht – bis vor kurzem zumindest. Phonetiker sprechen von einem „stimmlosen glottalen Plosiv", wir Laien bescheiden von einer winzigen (Kunst-)Pause, um hörbar zu machen, was man ansonsten nur sehen kann: das Binnen-I. Während es dafür etwa im hawaiischen Alphabet ein Auslassungszeichen (Okina) gibt, müssen wir unsere kleine Notbremsung vor dem Binnen-I gewissermaßen ohne Vorwarnung auslösen. Andernfalls kann es zu Missverständnissen kommen: Wie oft fand ich mich schon unter den „Journalistinnen" wieder, wo doch „JournalistInnen" gemeint waren … Inzwischen wird es offenbar schick, sogar schriftlich auf das Binnen-I zu verzichten: Dies sei „die Zeitung für Leserinnen", verkündet der „Standard". Aha. Ich darf also das rosarote Blatt (als Mann) nicht lesen?! Diskriminierend.

Dass an der Uni schon lange nicht mehr von „Studenten" die Rede ist, sondern geschlechtsneutral von „Studierenden" und dass jeder Chef heutzutage seine „Mitarbeiterinnen und Mitarbeiter" anspricht, ist mehr als nur ein Gebot der Höflichkeit – es ist ein Gebot der Zeit, eine symbolträchtige Errungenschaft, das sprachliche Bekenntnis zur Gleichberechtigung. Und genau das ist, in kompakter Form, auch das vielgeschmäht Binnen-I.

Umgekehrt lässt sich so mancher Vorsitzende auf einem Podium oder sonst wo im angloamerikanischen Sprachraum als „Chairman" und nicht etwa als „Chairwoman" bezeichnen – um nicht in Feminismusverdacht zu geraten? Schon auf dem Gymnasium hatten wir herausgefunden, dass die politisch korrekte Form für Postler („mailman") eigentlich „personperson" heißen müsse. Und zwei Kaiserinnen – die Landeskaiserin der Steiermark und die Kaiserin von Österreich – kümmerte das „Gendern" herzlich wenig: Waltraud Klasnic legte bekanntlich Wert darauf, als „Landeshauptmann" tituliert zu werden; weniger bekannt ist, dass Maria Theresia am 25. Juni 1741 im Martinsdom zu Pressburg nicht etwa zur Königin, sondern zum „König von Ungarn" gekrönt wurde.

Wer hätte gedacht, dass ausgerechnet die säumigen Schweizer, die sich doch mit dem Frauenstimmrecht bis 1971 Zeit ließen (Appenzell Innerrhoden – und erst auf Druck des Bundesgerichts – gar bis 1990) „Pioniere" bei der Einführung des Binnen-I waren? Radio „LoRa" und die linke Wochenzeitung WOZ führten es bereits 1983 ein, Österreich erst 1987. Der „Duden" zeigt sich hingegen nach wie vor bockig: Großbuchstaben dürfe es nur bei Substantiven am Wortanfang geben – Punkt.

„Die Vernunft hat gesiegt!", bejubelte die „Krone" das Ende einer feministischen und somit „linken" Praxis, als vor einer Woche das Normierungsinstitut Austrian Standards beschloss, das Binnen-I nun doch nicht zur ÖNORM zu machen. Diese Freude hat einen hämischen Nachhall. Man mag das Binnen-I läppisch finden, sich darüber ärgern, lustig machen (Beispiel „PolInnen"), es ignorieren (wie die NZZ) – aber am Ende hat es seinen Zweck letztlich doch erfüllt: Als Signal, dass zumindest in unserem Kulturkreis die unreflektierte männliche Dominanz, symbolisiert durch eine von männlichen Wörtern durchsetzte Sprache, zu Ende geht.

Barraco Barner

(1.5.2014)

Und wissen Sie, wer Barraco Barner ist? Wusste ich auch nicht, zumindest bis vor kurzem. Eine zwanzigjährige Engländerin namens Gemma Worrall hat Barraco Barner gewissermaßen erfunden – und sich damit so einiges eingebrockt. Eine Geschichte, die schmunzeln macht – bis einem das Lachen im Halse stecken bleibt. Ms Worrall hatte laut einem Artikel im „Spiegel" im Fernsehen einen Bericht über die Ukraine gesehen und via Twitter ihrer Empörung Luft gemacht: „If barraco barner is our president why is he getting involved with Russia, scary" („Wenn Barraco Barner unser Präsident ist, weshalb lässt er sich mit Russland ein, das macht Angst"). Gemma Worrall hatte damit zwei bemerkenswerte Dinge geschafft: Barack Obama zu „Barraco Barner" und gleichzeitig auch noch zum britischen „Präsidenten" zu machen.

Doch sie hatte nicht mit dem weltweiten, sich wie ein Lauffeuer verbreitenden Echo ihrer kleinen Fehlleistung gerechnet: Von Brasilien bis Belgien quittierten Twitter-Nutzer im World Wide Web Gemmas eigenwillige Feststellung mit zynischen oder bösartigen Kommentaren wie: „dumme Kuh", oder: „blöde Schlampe" – und im Nu hatten sich 30.000 „Follower". Unter „#Barracobarner" findet man im Netz den „Official Twitter for the president of the United States of Great Britain". Gemma schämte sich sehr und beteuerte, sie sei ja in der Schule überdurchschnittlich gut gewesen, in Religion beispielsweise. Doch in Radiosendungen wurde inzwischen über die Qualität des britischen Schulsystems diskutiert und böse Witzbolde forderten gar vom Staat Steuerrückzahlungen – für Gemmas Ausbildungskosten. Andere schimpften sie eine „Schande für die Nation", manche aber – und hier hört der Spaß definitiv auf – äußerten Morddrohungen gegen die arme Gemma.

Die Anonymität des Web verleitet nicht wenige, unter irgendeinem Pseudonym hemmungslos die Sau rauszulassen. Was früher, im Zeitalter der Printmedien, undenkbar war – mit dümmlichen oder lästigen Leserbriefschreibern wurde ich als NZZ-Redakteur mit Leichtigkeit fertig –, ist heute gang und gäbe. Die Schleusen sind geöffnet auch für rassistische und antisemitische Schmutzkübelkampagnen aus der untersten Schublade. Nicht selten müssen in Österreich Zeitungen ihre Posting-Seiten im Internet schließen, weil solche Zuschriften schlichtweg unerträgliche Ausmaße angenommen hatten.

Das jüngste Beispiel für verbale Brutalität und deren Folgen ist der Fall der Ö3-Moderatorin Elke Lichtenegger, die mit einer leicht abfälligen Bemerkung in der Sendung „Ja genau" über österreichische Bands einen sogenannten Shitstorm bei Facebook – Hass-Postings und üble Beschimpfungen – ausgelöst hatte. Elke Lichtenegger erlitt in der Folge einen Zusammenbruch und musste ins Krankenhaus eingeliefert werden.

Facebook und seine Tücken

(8.5.2012)

Facebook ist mittlerweile für Politiker jeglicher Couleur zum unverzichtbaren Kommunikationsinstrument geworden. Nur müsste man damit auch umzugehen wissen. Der Klagenfurter Bürgermeister Christian Scheider, welcher der Kärntner Regierungspartei FPK, den rechtsgerichteten Freiheitlichen in Kärnten angehört, ist jedenfalls den Tücken von Facebook erlegen.

Auf Scheiders Facebook-Seite prangte bis vor kurzem eine Fotomontage, die sich auf dem berüchtigten Humorniveau des Villacher Faschings oder gar der bekannten (und mittlerweile eingestellten) „Negerwitze" seines Parteigenossen, des Kärntner Landeshauptmanns Gerhard Dörfler bewegte. Da war nämlich ein nacktes, aus dem Wasser ragendes Hinterteil zu sehen, das angeblich den berühmten Rubens-Gemälden im Wiener Kunsthistorischen Museum alle Ehre gemacht hätte. Darunter eine Fotografie der Finanzministerin Maria Fekter (ÖVP) mit Taucherbrille und der Bildlegende: „Ich tauche ab, denn mein Sparpaket hält nie!"

Der Skandal ließ nicht lange auf sich warten. Die Volkspartei forderte eine Entschuldigung bei der Ministerin, die Klagenfurter Grünen sprachen von einer empörenden, frauendiskriminierenden Darstellung. Anderswo hätte die Sache wohl den sofortigen Rücktritt des Verantwortlichen nach sich gezogen – schließlich ist ja Scheider nicht irgendein Provinzpolitiker, sondern immerhin Bürgermeister einer Landeshauptstadt. Nicht so in Österreich, wo man verständlicherweise äußerst ungern seinen mit so viel Beharrungsvermögen ersessenen Sessel räumt.

Statt eines Rücktritts oder zumindest einer öffentlichen Entschuldigung kamen Ausreden: Die inkriminierte Darstellung gehe auf einen Mitarbeiter des Bürgermeisters zurück, und auch diesem sei eigentlich nur ein „Versehen" unterlaufen. Bürgermeister Scheider jedenfalls habe von der Sache nichts gewusst, und die Darstellung sei umgehend gelöscht, jener Mitarbeiter getadelt worden. Nicht so leicht löschen lässt sich allerdings die Frage politischer Verantwortlichkeit.

Faymann, Failman und die falschen Freunde
(6.12.2011)

„Freundschaft" heißt die traditionelle Begrüßung unter Sozialdemokraten. Dank Bundeskanzler Werner Faymann hat die Grußformel der Genossen eine neue Bedeutung gewonnen. Einst hatte sich der damalige Infrastrukturminister Faymann durch Zeitungsinserate der Bundesbahnen mit Steuergeldern eine wohlwollende Medienberichterstattung erkauft. Heute heißt die Devise „Social Media". So viele Facebook-Freunde hat der – sonst doch als eher uninspirierend geltende – Faymann, dass das neunköpfige „Team Kanzler", welches die virtuelle Existenz des Regierungschefs betreut, mit einem kleinen, koketten Stoßseufzer von einer wahren „Fan-Invasion" sprach. Leider hat die Zeitschrift „Datum" mittlerweile aufgedeckt, dass es sich bei vielen dieser wohlwollenden „space invaders" gar nicht um real existierende „Facebook-

„Eine Frage des Formats"

SPINNER, GSTÖRTE, DUMME PFOSTEN NEIGEN ZUM COMPUTER-POSTEN.   UND AUCH VIELE DSCHIHADISTEN HETZEN LIEBER AUF DER KISTN.   AUCH DIE RECHTEN IDIOTEN TWITTERN, SURFEN, BLOGGEN, VOTEN..

WENIG HELLE IN DEN KÖPFEN ABER SCHNELLE MIT DEN KNÖPFEN.   JEDE NOCH SO DUMPFE HETZE GEHT IN DIE SOZIALEN NETZE.   UND ICH SCHWÖR'S BEI MEINER MUTTER AUCH DER TEUFEL NUTZT COMPUTER

„Ich dagegen dichte"

Friends", sondern um – paketweise eingekaufte – „gefakte Followers" handelte. Die meisten der zugehörigen Fotos waren bei einer Agentur eingekauft.

Dummerweise ließ sich der Ursprung der Fanpost auf eine zur SPÖ gehörende IP-Adresse zurückverfolgen, so dass sich des Kanzlers Team bald zu einer kuriosen Erklärung veranlasst sah: Es handle sich in der Tat um gekaufte Fans, „die uns irgendjemand unaufgefordert spendiert hat". Kurz darauf deckte die Wochenzeitschrift „Profil" auf, dass seit dem Jahr 2008 auch viele Printmedien mit gefälschten Leserbriefen beglückt wurden, die sich auf die SPÖ-Parteizentrale zurückführen ließen. Die erfundenen Fans hießen vorzugsweise Huber: Sabine Huber, Lisa Huber, Christoph Huber oder Johann Huber griffen selbstlos in die Tasten, wenn es galt, den Kanzler zu bejubeln und den umstrittenen Verteidigungsminister Norbert Darabos zu verteidigen.

Derweilen geistert ein anderes fiktives Wesen durch die virtuelle Welt: ein gewisser Werner Failman. Via Twitter und Facebook nimmt der geheimnisvolle Failman den realen Faymann satirisch aufs Korn. Dank seines erheblich höheren Unterhaltungswertes kann Failman allerdings eine Vielzahl echter „Freunde" sein Eigen nennen.

Sündenfall auf Schiene
(5.2.2015)

ÖBB-Chef Christian Kern ist, um Shakespeare zu zitieren, gewiss ein ehrenwerter Mann. Er gilt als chancenreicher Nachfolger Faymanns im SPÖ-Parteivorsitz – ein potenzieller Bundeskanzler also. Ein leuchtendes Vorbild für die ganze Nation. Kern, der erfolgreiche Manager, ist allerdings deutlich weniger Sozialist als Neoliberaler: Wenn die Bilanz stimmt und der Gewinn steht, dann ist die Sache okay. Leider trifft das bei einer öffentlichen Institution wie der Bundesbahn nur bedingt zu. Da muss nicht nur die Kasse stimmen, sondern einiges mehr. Die Bahn soll nicht nur Passagiere und Fracht gewinnbringend und in möglichst kurzer Zeit von Ost nach West und Nord nach Süd transportieren, sondern noch einiges mehr. Die Bahn ist nicht nur ein Unternehmen – sie ist auch ein öffentliches Gut.

Kern hat einen Sündenfall begangen. Und keinen geringen. Aller Welt hatte ich stets vom blitzschnellen, nur an zwei Stationen anhaltenden Autozug Wien–Feldkirch vorgeschwärmt – und erntete dafür in aller Welt neidvolle Blicke. Bis dieser Autozug zu einem jämmerlichen Bummelzug downgegradet wurde, der nunmehr rund zwei Stunden länger brauchte, bis er, an jedem Kuhstall einen Halt einlegend, endlich ans Ziel gelangte. Doch es sollte, mit dem Fahrplanwechsel am 14. Dezember letzten Jahres, noch schlimmer kommen: Die Tagesautozüge wurden abgeschafft. Bis der Nachtautozug dasselbe Schicksal erleidet, ist wohl nur noch eine Frage der Zeit.

Was aber bedeutet diese Sparmaßnahme für die Umwelt? Sie wurde dummerweise zu einem Zeitpunkt vollzogen, da die Benzinpreise ins Bodenlose fielen. Gut für die Automobilisten, schlecht für die Umwelt. Viele, die bisher öffentlich fuhren, setzen sich jetzt wieder ans Steuer. Die Strecke Wien–Feldkirch, per Autozug stress- und unfallfrei, dauert per Auto viele anstrengende Stunden. Es sind 647 Kilometer. Der Bahnpassagier verbraucht pro Kilometer durchschnittlich 40 Gramm CO_2 pro Kilometer, der Automobilist hingegen hinterlässt einen CO_2-Ausstoß von 150 Gramm. Rechne: Auf diese Distanz sind das rund 26 Kilogramm (Bahn) gegen 97 Kilogramm (Auto). Ganz schöner Unterschied. Die ÖBB-Werbung wirkt da wie blanker Hohn: „Je mehr Sie Bahn fahren, desto grüner wird's". Was aber, wenn die Bahn immer weniger wird?

Während die ÖBB Züge abschafft, führt Air Berlin Flüge ein – und führt damit das Kern'sche Vorbild ad absurdum: Einen „Überstellflug" von Wien nach Bratislava, zweimal täglich. Bei der geringen Flughöhe (1500 Meter, üblich sind 10.000 Meter) ist der Luftwiderstand hoch und der Kerosinverbrauch für diese Kürzeststrecke enorm: eine Tonne. Und der CO_2-Ausstoß des Fliegers beträgt vier Tonnen – das Fünfzigfache eines Busses auf derselben Strecke. Aber wir dürfen hoffen: Bald gibt es tägliche Linienflüge von Simmering nach Floridsdorf. Welcome aboard „Air Ottakring".

Zug nach Nirgendwo

(26.3.2015)

Ich weiß nicht, weshalb mir dazu die unsägliche deutsche Schnulze von Christian Anders aus dem Jahr 1972 einfällt, die es damals sogar in die ZDF-Hitparade schaffte: „Es fährt ein Zug nach Nirgendwo". Meine Verzweiflung war groß – und es ist wohl keine Übertreibung, wenn ich gar von Panik spreche.

Vor wenigen Wochen hatte ich das Vergnügen, an dieser Stelle über die Streichung von Autozügen auf der Westbahn-Strecke durch die ÖBB zu schimpfen – nämlich die Tagesautozüge Feldkirch–Wien und die Autozüge Innsbruck–Wien. In meinem Artikel verwies ich nicht nur auf die Unbequemlichkeiten und Risiken, die der zwischen Ost und West reisende Automobilist nunmehr auf sich zu nehmen hat, sondern auch auf die ökologischen Kosten (sprich: zusätzliche Luftverschmutzung), welche uns diese Sparmaßnahme der ÖBB beschert. Die Antwort der ÖBB auf meine Glosse war zwar prompt – aber eher unbefriedigend, weil sie auf meine Argumente mit keiner Silbe einging. Vom süffisanten Tonfall dieser Replik einmal abgesehen.

Nun, liebe ÖBB, hier das neueste Abenteuer des unverdrossenen Autozugbenutzers. Grad geschenkt ist die Sache ja nicht: Auto, Bettplatz im Schlafwagen (der maliziöse Pudel reiste als blinder Passagier) – trotz Vorteils-Card: satte 230 Euro. Dafür könnte man ohne weiteres in ein gutes Viersternehotel. Mit Halbpension. Aber man gönnt sich ja sonst nix.

Verladung 21.55 Uhr, Wien Hauptbahnhof. Man begibt sich also nächtens zu besagtem architektonischen Weltwunder – durchaus frühzeitig, mit großzügiger Zeitreserve. Allerdings: Kein Schild deutet darauf hin, wo denn diese Autoverladung sein könnte. Der Bahnhof – gespenstisch leer. Endlich und ganz zufällig stoße ich auf einen Bahnhofsangestellten, der mir mit einer ausgesucht komplizierten Erklärung eine verblasste Fotokopie in die Hand drückt, einen (völlig unbrauchbaren) Plan, der den Automobilisten zur Verladestelle lotsen sollte. Nun beginnt die Irrfahrt durch gespenstisch menschenleere Straßen, vorbei an endlosen Baustellen. Ein weitgehend neues Stadtviertel ist hier entstanden – das GPS (Navi) hat keine Ahnung und signalisiert vollständige Verwirrung. Doch die Uhr tickt. Längst ist 22 Uhr vorbei. Ich irre immer frenetischer durch das Labyrinth der Straßen um den neuen Hauptbahnhof. Der Stress wird zur Verzweiflung und diese kippt in blanke Panik. Bereits 22.20 Uhr. Schreckvisionen: Der Zug weg, das sündenteure Ticket verloren.

Zum dritten Mal fahre ich mit quietschenden Bremsen vor dem Hauptbahnhof vor. Jetzt greife ich mit dem Mut des Desperados zu brachialer Gewalt. Ich nötige einen völlig unschuldigen jungen ÖBB-Mitarbeiter, der mir ungeschickterweise in die Quere kommt, in mein Auto einzusteigen. Dem Entführungsopfer bleibt nichts anderes übrig, als einzusteigen und mir den Weg zu weisen. Es geht einen holprigen, endlos scheinenden, ungeteerten Holperpfad dem Bahngleis entlang – vom Hauptbahnhof ewig weit entfernt. Hätte ich ohne Entführung des bedauernswerten jungen Mannes nie gefunden. Schon gar nicht im Dunkeln. Und auch hier nirgendwo auch nur der bescheidenste Wegweiser.

Der brave Mann an der Verladerampe ist hingegen die Ruhe selbst: Keiner findet her, sagt er. Alle kämen völlig hysterisch hier an, falls sie es überhaupt schafften. Reklamieren Sie doch bei der ÖBB. Und den Zug schaffen Sie grad noch.

Später, viel später, schaue ich im Internet nach. Wie blöd ich doch war: Da ist eine ganz deutliche Karte, alles genau eingezeichnet, die Fahrtroute in leuchtendem Rot. Ganz einfach, denke ich beschämt, das nächste Mal. Doch bei der Rückkehr nach Wien entdecke ich zu meinem nicht geringen Erstaunen: Die elegant geschwungene Brücke, die zur aufwendig ausgebauten Verladestelle führen soll, gibt es nur auf dem Plan. Das heißt, es gibt sie doch: genau zur Hälfte. Sie hört nämlich mitten in der Luft auf, führt ins Nichts. Also doch weiterhin der holprige Feldweg. Ohne Wegweiser. Es fährt ein Zug nach Nirgendwo.

Neustart 1945

(14.5.2015)

Gedenkjahr 2015: Siebzig Jahre Ende des Zweiten Weltkriegs, sechzig Jahre
Staatsvertrag. Zweifellos: Grund zur Freude. Der NS-Terror besiegt, Wien
und andere Städte zwar in Trümmern, aber das Volk frei, die Zweite Republik
wird ausgerufen. Zehn Jahre später ziehen die vier Besatzungsmächte ab und
Österreich erlangt seine volle Souveränität. Grund zu großer Erleichterung:
Im Gegensatz zum Nachbarland Deutschland gibt es keine „österreichische
DDR", die Sowjetunion macht ihre österreichische Besatzungszone nicht zum
sowjetischen Trabantenstaat: Österreich, ganz Österreich hat die Chance zum
Neustart als freie, demokratische Nation.

Grund zur Freude und Erleichterung – aber auch zum Stolz? Da wird die
Sache zumindest zwiespältig. Der Wiederaufbau stellte wohl auch eine gewaltige Eigenleistung dar – aber ohne den Marschall-Plan der USA, die dem
wesentlich kleineren Österreich (711 Millionen Dollar) genau die Hälfte der
Deutschland gewährten Wirtschaftshilfe (1,4 Milliarden Dollar) zubilligte,
wäre dieser nicht so rasch möglich gewesen. Und hätte man die den österreichischen Juden in der NS-Zeit geraubten Güter und Geldmittel zurück-
gegeben, so wäre, wie errechnet wurde, Österreich auf dem wirtschaftlichen
Niveau der DDR geblieben. Die Restitution erfolgte sehr spät und sehr zöger-
lich; der unselige Spruch des damaligen Innenministers Oskar Helmer: „Ich
bin dafür, die Sache in die Länge zu ziehen" (1948), wurde zum Symbol für
jene Haltung. Emigranten wurden zur Rückkehr in die alte Heimat nicht
ermutigt (bzw. entmutigt). Verhielt man sich gegenüber den Überlebenden
schäbig, so umso großzügiger gegenüber den Mördern und Mitläufern: 1946
wurden 530.000 Exnazis registriert, bis 1948 eine halbe Million amnestiert –
keine der Parteien des neuen demokratischen Österreich mochte auf dieses
Wählerpotential verzichten. Von den 13.000 nach dem Krieg verhafteten und
verurteilten Kriegs- und NS-Verbrechern waren 1955 noch genau 14 in Haft.
Viele von ihnen befanden sich damals schon in Amt und Würden – unter
anderem auch der berüchtigte Arzt Heinrich Gross, der am Wiener Spiegel-
grund Kinder brutal für „Forschungszwecke" missbraucht hatte und an ihrer

Ermordung beteiligt gewesen war. Für seine Forschungen an den Hirnen ermordeter Kinder wurde er 1959 mit dem Theodor-Körner-Preis ausgezeichnet.

Erst mit jahrzehntelanger Verspätung besann sich Österreich auf seine (wie man inzwischen weiß: weit überproportionale) Mitschuld an den NS-Verbrechen und begann, einen Teil des geraubten jüdischen Eigentums zu restituieren – in vielen Fällen an die Erben der inzwischen verstorbenen (oder ermordeten) Opfer. Und erst spät, sehr spät, besann man sich darauf, auf dem geschichtsträchtigen Wiener Heldenplatz das Ende der NS-Diktatur würdig zu feiern, statt den Platz unter Polizeischutz dem „Heldengedenken" der Rechtsextremisten zu überlassen.

Die Nachkriegszeit stellt wahrlich kein Ruhmesblatt der österreichischen Geschichte dar – und wie bittere Ironie wirkt auf uns Heutige der unsägliche Staatsfilm „1. April 2000", eine Science-Fiction-Parodie, 1952 mit gigantischem Aufwand und unter Aufbietung sämtlicher damals verfügbarer Schauspieler und Statisten und unter Mobilisierung von Unmengen an Kitsch, Sentimentalität und Klischees entstanden: ein charmantes Plädoyer an die Besatzungsmächte, dieses harmlos-unschuldige, sympathische und gemütliche Österreich doch bitte den Österreichern zu überlassen und abzuziehen. Was dann drei Jahre später geschah. Mit der bekannten Fortsetzung (siehe oben).

4. Erna Normalverbraucherin

Wien – von Zürich aus
(17.4.2014)

Gewiss, Zürich, meine Geburtsstadt, in der ich mich gerade befinde, ist großartig. Die stimmungsvolle Altstadt, die von gehortetem Reichtum strotzende Bahnhofstraße, die stolze Universität und die hochkarätige Eidgenössische Technische Hochschule, der See, von sanften Hügeln gesäumt, das schneeglitzernde Alpenpanorama am Horizont. Aber jenseits des Arlberg, weit im Osten, liegt Wien, wo ich mich niedergelassen habe – und das ist noch viel großartiger. Zumindest aus Zürcher Sicht.

Die Wiener, so heißt es nämlich in der neuesten, ausschließlich Wien gewidmeten Ausgabe des „Magazin" im Zürcher „Tages Anzeiger", „leben im Paradies". Waren bis jetzt die Österreicher immer ein bisschen neidisch auf die reiche, saubere, pünktliche Schweiz (und insbesondere die Wiener auf Zürich), so ist es jetzt plötzlich genau umgekehrt. Hier nimmt man zerknirscht zur Kenntnis, dass die Donaumetropole der Stadt an der Limmat laut Ratingagenturen seit einigen Jahren den Rang abgelaufen hat – als „lebenswerteste Stadt der Welt".

Und was entdecken die Zürcher Reporter in Wien? Neben den berühmten Kaffeehäusern und edler, teurer Handwerkskunst vor allem eines: leistbare Wohnungen – und dies sofort, in jeder Ausführung und Lage. Darunter, so staunt der Verfasser aus der puritanischen Schweiz, Paläste mit einer Raum-

Der Glaube an das Paradies (österreichisch)

höhe von 3,70 Metern. In Wien, so heißt es im Editorial des „Magazin", finde man auf ganz normalen Wegen Wohnungen, „für die man in Zürich töten würde". Die Stadt Wien, so wird in dem Artikel erklärt, sei viermal so groß wie Zürich und der größte Immobilienbesitzer Europas, dem nicht weniger als 220.000 Wohnungen gehörten, dazu kämen 200.000 finanziell geförderte, pro Jahr kämen 5000 hinzu. Da kann man in Zürich mit seiner chronischen Wohnungsnot tatsächlich nur neidisch sein.

Belächelt werden allerdings die jüngsten Gehversuche Wiens mit „einem bisschen direkter Demokratie": Da hätten doch tatsächlich ganze zwei Prozent der Wiener (die direkten Anrainer der Mariahilferstraße) über ein Projekt ab-gestimmt, das sich die Stadt 25 Millionen Euro kosten lasse. Aber Wien wird nicht nur beneidet (und belächelt) – es macht den Schweizern gelegentlich auch Angst. Als ich mit meinem Auto (Wiener Kennzeichen), in Vorarlberg an die Grenze kam, verschwand der pflichtbewusste Beamte für eine halbe Stunde mit meinen Papieren. Als er wiederkam, fragte ich ihn etwas unge-halten, was denn der Grund für diese langen Nachforschungen gewesen sei. Wien liege „halt weit im Osten", lautete achselzuckend die Erklärung.

Neutralität made in Switzerland

(16.4.2015)

Dieses Jahr begehen wir den 200. Jahrestag des Wiener Kongresses – niedergelassen in Wien, aber als Schweizer, drängt es sich doch geradezu auf, diese Zeilen unter den Titel „Neutralität" zu stellen. Die „dauernde Neutralität" der Schweiz geht auf jene denkwürdige Versammlung von Großmächten zurück, ja die moderne Schweiz entstand erstens durch die politisch-territorialen Eingriffe Napoleons sowie den Willen der europäischen Großmächte nach seiner Niederlage. Eine neutrale Schweiz – die strategische Drehscheibe inmitten Europas, welche die Straßenkreuzung in die vier Himmelsrichtungen, die Verbindungswege zwischen den Großmächten und insbesondere die extrem wichtigen Alpenübergänge kontrollierte – wurde von den damaligen Großmächten in ihrer Neuordnung Europas als die optimale Lösung betrachtet.

Jede Nation pflegt ihre Mythen – und der schweizerische Lieblingsmythos ist bekanntlich, von dem durch den Deutschen Schiller zu Weltruhm aufgestiegenen Wilhelm Tell hier einmal abgesehen, die Bewahrung vor allem Bösen, vor zwei Weltkriegen, vor Nationalsozialismus und Kommunismus, durch Gott, die Berge – und eben die Neutralität.

Jakob Kellenberger, der frühere schweizerische Staatssekretär für auswärtige Angelegenheiten und Expräsident des Internationalen Komitees vom Roten Kreuz (IKRK) stellt in seinem Buch „Wo liegt die Schweiz? Gedanken zum Verhältnis CH – EU" (NZZ-Verlag 2014) illusionslos fest, die Neutralität sei „vom Mittel zur Wahrung der Unabhängigkeit in einem kriegsgeplagten Europa" zu einem „Identitäts- und Wohlfühlbegriff geworden". Die objektiv abnehmende Bedeutung der Neutralität scheine keinen nachhaltigen Einfluss auf ihren innenpolitischen Stellenwert zu haben; Identitätsbildung habe Vorrang vor der tatsächlichen sicherheitspolitischen Funktion. Die baltischen Staaten beispielsweise fühlten ihre Unabhängigkeit in einer NATO- und EU-Mitgliedschaft besser gewahrt als mit einem Neutralitätsstatus. Der bekannte ehemalige Divisionär der Schweizer Armee, Gustav Däniker, sagte, die Neutralität trage heutzutage weder zur schweizerischen Sicherheit noch zur europäischen Stabilität wesentlich bei. Diese nüchterne Feststellung könnte, auf das Nachbarland bezogen, durchaus auch von einem kritischen Österreicher stammen.

Ein anderer Jahrestag steht an: ein halbes Jahrtausend seit der desaströsen Schlacht von Marignano (1515), auf die manche Historiker die Ursprünge der Schweizerischen zurückführen – doch es war eher der Beginn pragmatischer Selbstbeschränkung und der endgültige Abschied von Großmachtträumen.

Der Faktor Mensch

(2.4.2015)

Der amerikanische Psychologe Abraham Maslow (1908–1970) wurde vor allem für seine „Bedürfnispyramide" bekannt, in der die menschlichen Grund-
bedürfnisse pyramidenförmig dargestellt werden. Nachdem die Basis, die
physiologischen Grund- und Existenzbedürfnisse gestillt sind, kommt nach
Maslow gleich das zweite Hauptbedürfnis des Menschen: das Bedürfnis nach
Sicherheit. Seit Urzeiten ist der Mensch bemüht, sein Sicherheitsbedürfnis zu
erfüllen. Milliarden werden für Sicherheit ausgegeben, Technologien perfekti-
oniert, Armeen aufgerüstet und Kriege geführt. Der Mensch will etwas, das er
niemals haben kann: absolute Sicherheit. Denn selbst die perfekten Systeme
werden von einem Faktor unterlaufen: dem Faktor Mensch.

Sicherheitssysteme dienen – abgesehen von der Verhinderung von Natur-
katastrophen – der Abwehr von Menschen, die Böses im Sinne haben. Aber da
sie Menschenwerk sind, können sie auch von Menschen überlistet und besiegt
werden. Ein Beispiel ist die von Nazideutschland zu höchster technischer Per-
fektion entwickelte Enigma-Maschine, die zur Verschlüsselung des gesamten
geheimen Nachrichtenverkehrs eingesetzt wurde. Doch am Ende wurde deren
überaus komplexes Codesystem von den genialen britischen Codebreakers in
Bletchley Park geknackt.

Sicherheitssysteme haben mitunter die fatale Eigenschaft, dass sie das, was
sie eigentlich schützen sollten, letztlich selbst gefährden. Dies gilt zweifellos
für die Antiterrormaßnahmen der letzten Jahre, welche immer wieder zu
menschenrechtswidrigen und willkürlich anmutenden Freiheitsberaubungen
an Verdächtigen geführt haben. In dieses Kapitel gehören auch die Abhör-
praktiken der Geheimdienste, welche, angeblich zum Schutz von Freiheit und
Demokratie eingesetzt, diese Werte selbst gefährden.

Das Fliegen ist, das belegen sämtliche Statistiken, die sicherste Fortbewe-
gungsart. Letztes Jahr haben weltweit 33 Millionen Flüge stattgefunden. Hatten sich 1962 noch 13 Unfälle auf eine Million Flüge ereignet, so waren es 1983
nur noch 2,3 und heute sind es lediglich 0,5 Unfälle. Die Lufthansa-Piloten
gelten als die am besten ausgebildeten und am gewissenhaftesten ausgewähl-

„Ooops! Titelbild verwechselt – kann passieren, sorry!"

ten und getesteten; die deutsche Fluggesellschaft hat den weltweit höchsten Ruf von Sicherheit und Zuverlässigkeit genossen. Bis zum Absturz des Fluges 9525. Gerade diese Katastrophe führte einer schockierten Welt vor Augen, dass Sicherheitssysteme die Eigenschaft besitzen können, sich selbst zu neutralisieren – wenn der unkalkulierbare „Faktor Mensch" dazwischentritt.

Seit 9/11 gilt weltweit die Vorschrift der von innen verriegelten und von außen, also vom Passagierraum nicht (oder nur mittels eines komplizierten, verschlüsselten und ausschließlich der Crew bekannten Verfahrens) zu öffnenden Cockpittür. Wenn nun also nicht, wie im System vorgesehen, ein Terrorist versucht, aus dem Passagierraum ins Cockpit einzudringen, sondern der Übeltäter selbst im Cockpit sitzt und der potenzielle Retter vergeblich versucht, von außen durch die verschlossene Cockpittür aus dem Passagierraum ins Cockpit zu gelangen – dann hat das ausgeklügelte Sicherheitssystem sich in sein Gegenteil verkehrt: Es ist im Handumdrehen zu einem Unsicherheitssystem geworden. Absolute Sicherheit ist eine Illusion.

Grounding
(19.10.14)

Die Notlandung des Eurofighters kürzlich in Innsbruck, die Enthüllung über technische Defekte an den Kampfflugzeugen, die nur noch bedingt einsatzfähig sind, und die Perspektive, dass die Flieger, die 1,7 Milliarden ziemlich nutzlos verschleuderter Steuergelder gekostet haben, ab nächstem Jahr den Hangar vielleicht überhaupt nicht mehr verlassen, macht nachdenklich – und wütend: Es ist der teuerste Scherbenhaufen, welche die Administration Schüssel dieser Nation hinterlassen hat.

Flugzeuge am Boden – da fällt dem Schweizer sofort ein (hierzulande wenig bekanntes) Schlagwort ein: „Grounding": Ab 2. Oktober 2001 blieben die Swissair-Flugzeuge weltweit am Boden – ein nationaler Skandal von immenser Tragweite, denn die alte Swissair war ja für die Schweiz sehr viel mehr als nur eine nationale Fluglinie, sie war Stolz, Aushängeschild, ja nationaler Mythos. Inzwischen fliegt die Nachfolgerin „Swiss" erfolgreich um die Welt.

Ein „Grounding" der besonderen Art gab es jetzt auch bei den Schweizer Kampfflugzeugen. Die Schweiz, die über 32 Maschinen des Typs FA-18 und 54 F5E „Tiger" und damit über eine kleine, aber respektable Luftwaffe verfügt, wollte 3,1 Milliarden Franken in den Kauf von 22 schwedischen „Gripen"-Kampfjets investieren. Ursprünglich sollten es gar 50 sein, dann 33, schließlich jene 22, von denen Verteidigungsminister Bundesrat Ueli Maurer sagte, diese Zahl gewähre „gerade mal eine minimale Einsatzfähigkeit". Doch in der Schweiz entscheidet bekanntlich das Volk über derartige Anschaffungen – und dieses lehnte am 18. Mai in einer Abstimmung zu 53,4 Prozent ab. Die Flieger seien zu teuer, argumentierten die Wähler.

In jener Volksabstimmung sollen, so wird gemunkelt, vor allem die Wählerinnen den kostspieligen „Gripen" abgeschossen haben. Weniger weil Frauen besonders preisbewusst wären als vielmehr wegen eines peinlichen Vorfalls: Verteidigungsminister Ueli Maurer von der Schweizerischen Volkspartei SVP (deren Wähler übrigens zu 81 Prozent für den Ankauf des „Gripen" gestimmt hatten), plädierte im April bei einer Veranstaltung in Zug mit folgenden Sätzen für die längst fällige Erneuerung der Luftwaffe: „Wie viele Gebrauchtgegenstände, die 30 Jahre alt sind, haben Sie noch zuhause? Bei uns sind das nicht mehr viele, außer natürlich die Frau, die den Haushalt schmeißt." Die Männer im Saal sollen daraufhin spontan applaudiert haben. Die Frauen waren über Uelis Witz eher „not amused". Verständlicherweise.

Mayday
(30.4.2015)

Es wird Mai, und es blühen nicht nur Flieder, Tulpen und Narzissen – es florieren auch die altbekannten Parolen: „Heraus zum 1. Mai!", rufen uns Plakatwände munter entgegen – eine Aufforderung, der man bei strahlendem Wetter gerne nachkommt. Allerdings eher weniger um auf der Ringstraße unter wehenden roten Bannern zu marschieren als vielmehr um ins Grüne zu radeln. Der 1. Mai als „Tag der Arbeit" oder „Kampftag der Arbeiterklasse" geht offenbar auf eine Demonstration im fernen Australien vor mehr als eineinhalb Jahrhunderten, am 1. Mai 1856 zurück, an der Arbeiter den Achtstundentag forderten. 1886 griff die Bewegung auf die Vereinigten Staaten über, wo die Arbeiterbewegung in Chicago am 1. Mai zum Generalstreik aufrief („Haymarket Affair"); auch sie, um der Forderung nach dem Achtstundentag – statt des damals üblichen Zwölfstundentags – Nachdruck zu verleihen.

Die Sozialdemokraten der Weimarer Republik erklärten 1919 den 1. Mai zum arbeitsfreien „Nationalfesttag"; die Nationalsozialisten zogen 1933 nach und deklarierten 1933 den 1. Mai zum „Feiertag der nationalen Arbeit". Während der 1. Mai unter anderem in Österreich, Deutschland, Liechtenstein und im fernen China ein gesetzlicher Feiertag ist, halten es die fleißigen und föderalismusbeflissenen Schweizer anders: Da ist die Sache wie üblich von Kanton zu Kanton verschieden – und manche gönnen ihren Werktätigen bloß einen halben gesetzlich anerkannten Feiertag.

Tatsächlich geht der 1. Mai, der „May Day", lange vor dem Kampftag der Arbeiterklasse auf archaische Frühlingsrituale in frühchristlicher Zeit zurück, und die traditionell auf den 30. April datierte Walpurgisnacht, die Nacht der Hexen vermittelt ja mit einiger Fantasie durchaus einen Hauch von Anarchie, von Kampf gegen festgefügte und hergebrachte Ordnung, wie dies ja auch der politisch-kämpferische 1. Mai tut.

Doch „mayday" hat noch eine ganz andere, sehr moderne und völlig unpolitische Bedeutung – es ist das internationale Notsignal im See- und Flugfunkverkehr. Mit dem Monat Mai hat es allerdings ebenso wenig zu tun mit dem Tag („day"), sondern vielmehr mit der eigenwilligen Aussprache des

Französischen durch Englisch Sprechende. Die erste Institution, die das Fern-
meldewesen normierte, war das CCITT (Comité Consultatif International
Télégraphique et Téléphonique) mit Sitz in Genf. Verkehrssprache war nahelie-
genderweise Französisch. 1923 legte ein gewisser Frederick Stanley Mockford,
damals leitender Funkoffizier des Londoner Flughafens Croydon, in engem
Kontakt mit seinen französischen Kollegen einen internationalen Notruf in
französischer Sprache fest. Der lautete, in etwas unbeholfener Ausdrucksweise: „m'aider" („mir helfen"). Man spreche dies mit einem starken englischen
Akzent aus – und schon wird daraus „mayday".

Klingende Namen
(10.7.2014)

Der Name, ließ bekanntlich Goethe seinen Dr. Faust als (ausweichende) Antwort auf die vielzitierte Gretchenfrage tiefsinnig antworten, sei lediglich Schall und Rauch. Mag sein – im gesellschaftlichen Kontext gilt dies nur bedingt. Als Georg Kreisler seine köstliche „Telefonbuch-Polka" komponierte, ergötzte er sein Publikum nicht nur an dem skurril anmutenden konsonantischen Feuerwerk der tschechischen und böhmischen Namen im Wiener Telefonbuch – er dürfte damit auch den stolzen Anspruch des „echten" Wieners auf sein Urwienertum hinterfragt haben, denn irgendwann in der Vergangenheit sind ja die meisten Menschen von irgendwoher gekommen und haben ihre „fremdländischen" Familiennamen bis zur Unkenntlichkeit eingedeutscht. Im Einwandererland USA war es umgekehrt, da wurden die deutschen Namen der Einwanderer umgehend anglifiziert, um diesen Familien eine möglichst rasche und reibungslose Integration in der neuen Heimat zu ermöglichen.

Aber es gibt Namen, die gehegt werden wie die Familienjuwelen. Dass klingende Namen selbst im heutigen, längst postmonarchistischen Österreich besondere Ehrerbietung hervorrufen, ist kein Geheimnis und, im Vergleich zum benachbarten Ausland, keine Ausnahme: Auch in Deutschland, in Frankreich, ja selbst in der demokratisch-egalitären Schweiz gibt es Namen, die aufhorchen lassen und deren Trägern in „gewissen Kreisen" soziale Privilegien verschaffen. Doch gleichzeitig gibt es Namen, die das genaue Gegenteil bewirken: Kürzlich ist das bemerkenswerte Resultat einer Studie der Universität Linz bekannt geworden, die im Auftrag des österreichischen Sozialministeriums erstellt wurde. Die Autorin, Doris Weichselbaumer von der Uni Linz schuf fünf Kategorien fiktiver Jobbewerber, deren Namen österreichisch, serbisch, türkisch, chinesisch oder nigerianisch klangen. Die Schulausbildung dieser virtuellen Arbeitssuchenden und die Berufserfahrung waren gleich.

Auf die 2142 an Unternehmen in Österreich verschickten Bewerbungen erfolgten 642 Einladungen zu Vorstellungsgesprächen – die meisten an die Bewerber mit „österreichisch klingenden" Namen. Die Kandidaten mit „migrantisch" klingenden Namen hatten laut Studie 25 bis 30 Prozent geringere

193

Chancen, auch nur zu einem Vorstellungsgespräch eingeladen zu werden. Aus der Schweiz war zu erfahren, dass ausländische Jugendliche eine signifikant bessere Chance auf eine Lehrstelle hatten, wenn sie sich anonym bewarben. Name ist Schall und Rauch – zumal wenn man sich die Tatsache vor Augen hält, dass die in Österreich lebenden Afrikaner im Durchschnitt akademisch gebildeter sind als die Bewohner des Gastlandes Österreich.

Blaues Blut – rote Ängste

(6.7.2010)

„Der Bootsbesitzer, ein Graf, und seine Gattin wurden durch die Wucht der Explosion aus dem Boot ins Wasser geschleudert", hieß es kürzlich in einer Zeitungsmeldung über einen Motorbootunfall auf dem Wörthersee. „Das adelige Ehepaar", stellte das Blatt spürbar erleichtert fest, habe sich „noch selbst ans Ufer retten" können. Der Umstand, dass es sich bei den Protagonisten des Dramas um Graf und Gräfin handelte und nicht bloß um „Bootsbesitzer", war der Qualitätszeitung mehr als einen Nebensatz wert.

Die österreichische Republik hegt ein zwiespältiges Verhältnis zu ihren Aristokraten. Diese gehören zu den unverzichtbaren Ingredienzen jedes respektablen Botschaftsempfangs, jeden Cocktails in der besseren Gesellschaft. Im kleinen, sommerlichen Kreis heben sich die Aristokraten durch ihre Kleidung – die Leinenjacke mit dem grünen Filzkragen – diskret, aber dennoch deutlich von den übrigen Gästen ab. Manche tragen zwei Visitenkarten bei sich, eine bürgerliche und eine mit Adelstitel, und so mancher verfügt statt der kleinen Karte über einen großen Namen und stellt sich dem ahnungslos nachfragenden Fremden mit dezentem Understatement als „Forstwirt" oder „Landwirt" vor.

Im Parkrestaurant des Kaiserschlosses Schönbrunn figuriert zur Freude der Touristen auf der Speisekarte ein „Habsburger" – der sich zu deren nicht geringer Enttäuschung lediglich dem Namen nach vom bürgerlichen „Hamburger" unterscheidet. Die Republik allerdings verwehrt den Angehörigen des Hauses Habsburg ein zentrales bürgerliches Recht: die Kandidatur für das Amt des Bundespräsidenten. Dies musste der Kärntner Grüne (und Forstwirt) Ulrich Habsburg-Lothringen im jüngsten Urnengang am eigenen Leib erfahren. Artikel 60 Absatz 3 der Bundesverfassung von 1920 schließt Mitglieder regierender und ehemals regierender Familien – und damit den gesamten Hochadel – von der Präsidentschaftskandidatur aus. Die Sozialisten hatten diesen Passus seinerzeit in die Verfassung reklamiert: Eigentlich wollten sie, aus Angst vor einer schleichenden Wiedereinführung der Monarchie, überhaupt keinen Bundespräsidenten. Und selbst neunzig Jahre später zeigte die

195

SPÖ keine Eile, über eine Abschaffung jenes Paragraphen nachzudenken. Sie verhinderte gezielt Habsburgs Kandidatur – vielleicht um den Stimmenanteil ihres Kandidaten Heinz Fischer nicht zu schmälern.

Servus Otto

Es herrscht Sommerloch, Saure-Gurken-Zeit. Die Politik ruht – die Kultur blüht. Deshalb sei es mir vergönnt, an dieser Stelle statt der üblichen Randbemerkungen zur Politik ein kleines Aperçu zum Thema Kultur anzubringen. Landauf, landab, zwischen Bregenz und Mörbisch, zwischen Bodensee und Neusiedlersee werden große Opern und spritzige Musicals inszeniert, Burgruinen zu Kulissen für große Dramen. Im Epizentrum des sommerlichen Kulturbetriebs Salzburg, wo Höchstkultur zu Höchstpreisen geboten wird – für die kulturellen Eliten oder jene, die sich dafür halten bzw. es sich leisten können, sich dafür auszugeben.

Genie und Irrsinn, so stellte der italienische Kriminologe Cesare Lambroso 1887 in seinem Werk „Genio e follia" fest, lägen nahe beieinander. Dass aber auch Genie und Banalität mitunter zu friedlicher Koexistenz zusammenfinden, ist weniger bekannt, kommt aber häufiger vor, als man denkt. So geschehen kürzlich im Fernsehen, wo uns am vergangenen Sonntag Servus TV (der kurzfristig abgeschaffte und dann aber sofort wieder neu gegründete Fernsehsender) ein geradezu geniales Bildschirmerlebnis bescherte – mit der fünfstündigen Live-Übertragung des „Don Giovanni" von den Salzburger Festspielen. Simultan konnte der Zuschauer auf dem Bildschirm die Oper genießen – und im Internet, auf dem Laptop, hinter die Kulissen blicken. Genial ist bekanntlich nicht nur Mozarts Musik, die uns in die Höhen der Liebe und die Tiefe der Hölle führt, sondern auch Lorenzo Da Pontes überaus geistreiches Libretto, großartig ist auch Ildebrando D'Arcangelo als ein von Eros und Sex besessener (und unwiderstehlicher) Verführer mit einer Stimme, die nicht nur Frauenherzen dahinschmelzen lässt.

Doch leider gab es auch die Moderatorinnen und den Moderator, die uns von den schwindelnden Höhen dieser drei Genies in die Abgründe der Trivialität hinunterrissen. Vor allem eine hatte es mir angetan: Gefühlte zehnmal (real neunmal?) betonte sie, dass dank der Simultantechnik von Servus TV auch „Otto Normalverbraucher" die einmalige Chance habe, das Geschehen jenseits der Bühne mitzuerleben.

Wer ist denn dieser besagte Otto? Der (allzu) vielzitierte und daher hoffnungslos banalisierte Begriff wurde in einem deutschen Spielfilm („Berliner Ballade", 1948) geprägt, in dem Gerd Fröbe in seiner Rolle als „Otto Normalverbraucher" einen zurückgekehrten Wehrmachtssoldaten spielte. „Normalverbraucher" war damals ein Anspruchsberechtigter, dem bei der Lebensmittelzuteilung keine besonderen Vergünstigungen gewährt wurden. Der Ausdruck reicht allerdings weiter zurück – nämlich auf die NS-Zeit, nach Kriegsausbruch im September 1939 als der „Normalverbraucher" erstmals eingeführt wurde – von den Nazis.

Vielen Dank, liebe Moderatorin, vielen Dank Servus TV. Da wird uns der Hochgenuss durch dümmliche Moderatorinnen vermiest, die nach eigener Aussage zwar „während Stunden" darüber gebrütet hatten, was sie denn an diesem großen Abend anziehen sollten – denen aber außer besagtem „Otto Normalverbraucher" eher wenig eingefallen ist. Und überhaupt: Wie steht es denn mit der Political Correctness, liebe Moderatorin? Erna Normalverbraucher hieß übrigens das weibliche Gegenstück zum lieben Otto. Wenn schon. Dass wir Opernliebhaber am Bildschirm uns despektierlich als „Otto Normalverbraucher" titulieren lassen müssen, da wir uns weder das Luxusdirndl, die Salonlederhose noch die Parkettkarte zum „Giovanni" leisten können (oder wollen), ist das eine – dass wir pausenlos mit einem Ausdruck aus dem Wörterbuch des NS-Staates konfrontiert werden, das andere.

Auf der Erde und im All

(16.7.2015)

An Sommertagen scheint gewöhnlich die Zeit stillzustehen: Die Parlamente
sind geschlossen, Politiker und Diplomaten auf Sommerurlaub, Zeitungen
füllen ihre Spalten mit sommerlichen Enten und anderen Banalitäten; die
Tage dümpeln erfreulich ereignislos vor sich hin. Nicht so in diesen heißen
Tagen des Sommers 2015: Große, ja historische Dinge spielen sich ab: im All
und auf der Erde. Erstmals hat eine Raumsonde mit dem programmatischen
Namen „New Horizons" den letzten der ursprünglich neun Planeten, den
inzwischen allerdings zum „Zwergplaneten" herabgestuften Pluto besucht,
wenngleich in gebührender Entfernung von 12.500 Kilometer– ein Pappen-
stiel jedoch angesichts der Unendlichkeit des Alls. Neugier und Entdeckerlust
des Menschen sind durch nichts zu bremsen, auch nicht durch immense Kosten: 700 Millionen Dollar hat die New-Horizons-Mission gekostet.

Ein Klacks allerdings gegen die dreistelligen Milliardenzahlen, die ins offenbar hoffnungslos marode Griechenland hineingebuttert wurden. Mit Ach
und Krach haben jetzt die neunzehn Eurostaaten am Montag den Grexit, das
Ausscheiden Griechenlands aus der Währungsunion und damit im letzten Au-
genblick die bisher größte Gefährdung des ambitiösen europäischen Prestige-
projekts Gemeinschaftswährung verhindert. Die katastrophale wirtschaftliche
und innenpolitische Situation Griechenlands wird allerdings dieser Verhand-
lungsdurchbruch nicht beheben. Das Problem Griechenland ist unter anderem eine Frage der Mentalität, so hart dies auch klingen mag. Hellas wird ein
problematisches Mitglied eines problematischen Systems, des Euro, bleiben.
Griechenland hätte letzlich wohl doch bessere Überlebenschancen, wenn es
zum gefürchteten Grexit gekommen wäre.

Knapp zehn Jahre hat die Reise der Raumsonde zum Pluto gedauert – und
zehn Jahre währte das Tauziehen um eine Einigung im Atomstreit mit dem
Iran. Während sich in der Weite des Weltalls Historisches ereignete, wurde
einen Kilometer von meinem Schreibtisch, in der Wiener Innenstadt, Geschichte geschrieben. Ob mit der erzielten Formel des „gemeinsamen Aktions-
plans" der Großmächte und der Mullahs die Gefahr eines neuen Nahostkrie-

„Griechischer Bankomat"

ges abgewendet wurde oder ob nun Teheran der Versuchung erliegt, mit den nunmehr frei fließenden Geldmitteln Terror zu finanzieren und gegen Israel aufzurüsten, bleibt abzuwarten.

Die internationale Staatengemeinschaft hat jedenfalls in dieser Woche die Fähigkeit unter Beweis gestellt, zwei Großkonflikte, einen politisch-strategischen und einen wirtschaftlich-politischen, durch beharrliches Verhandeln beizulegen – statt durch Drohgesten, Konfrontation und Waffengewalt. Und das ist auf jeden Fall erfreulich.

Fakten und Fiktionen
(19.2.2015)

Der Beamte an der Passkontrolle im New Yorker JFK Airport fragte, woher wir denn gekommen seien. „Vienna." „Aha", sagte er, ohne aufzuschauen, „Vietnam". Später, im Taxi: „Where are you from?" „Switzerland." „Sweden?" „No, Switzerland. But we live in Austria." „Aha, Australia." Sehr kompliziert. Wir gaben mit einem leisen Seufzer auf, während das gelbe Taxi durch den Schneesturm auf Manhattan zupflügte.

Mit der Geografie nehmen es die meisten Amerikaner nicht so genau, wozu auch, ihr Land ist so groß wie ein ganzer Kontinent – der Rest der Welt ist weit weg. Und wer, Hand aufs Herz, könnte in Europa schon ohne zu überlegen angeben, wo beispielsweise Tennessee liegt?

Genauer hingegen nehmen es die Amerikaner mit den Fakten in ihren Medien – in den renommierteren zumindest. In seinem Spionagethriller „Foreign Correspondent" lässt Alfred Hitchcock einen gewissen Mr. Powers, den Chefredakteur des fiktiven „New York Globe", einen jungen Reporter am Vorabend des Zweiten Weltkriegs nach Europa entsenden. „Facts", schärft er ihm ein, gibt ihm den Rat mit auf die Fahrt über den Atlantik, sich stets kompromisslos an die Fakten zu halten.

Vor knapp zwei Wochen stolperte Brian Williams, der führende Anchorman der National Broadcasting Company NBC und zweifellos der zur Zeit berühmteste Nachrichtenpräsentator der USA, über genau dieses Kernstück jedes seriösen Journalismus. Williams, der seit 2004 die prominente Nachrichtensendung „NBC Nightly News" präsentiert hatte, die Nacht für Nacht bis zu zehn Millionen Zuschauer vor den Bildschirm bannte (und Williams ein Jahresgehalt von zehn Millionen Dollar einbrachte), schilderte am 30. Januar in seinem Programm einen dramatischen Vorfall, der sich angeblich zu Beginn des Irakkrieges im Jahr 2003 ereignet hatte: Sein Armeehelikopter wurde beschossen und zu einer Notlandung gezwungen. Dass der Helikopter mit Williams landete, stimmte zwar – doch wurde er weder beschossen noch war es eine Notlandung, wie Williams, konfrontiert mit den Aussagen amerikanischer Marines, die im nämlichen Helikopter saßen, alsbald zugeben musste. Williams „got carried away", er ließ sich von der eigenen Fantasie hinwegtragen. Rasch stellte sich heraus, dass Williams mindestens bei zwei weiteren Gelegenheiten mehr als nur geflunkert hatte: Bei seiner Berichterstattung über den Hurrikan Katrina und über die israelische Kampagne gegen die Hisbollah 2006. Facts und Fiction sind zweierlei.

Williams wurde in der Folge von der NBC-Direktion mit einer sechsmonatigen Suspendierung bestraft, weil er, so die offizielle Erklärung, „das Vertrauen, das Millionen von Amerikanern in die NBC setzen, gefährdet" habe. Ein schwerwiegender Vorwurf, der nach Meinung vieler eigentlich Williams' sofortige Entlassung gerechtfertigt hätte. Aber schon dessen Suspendierung war hier, zwischen Washington und New York, tagelang Hauptthema in den Medien, denn diese rigorose Maßnahme samt öffentlicher Infragestellung der Integrität und Glaubwürdigkeit eines Fernsehjournalisten war in der Geschichte der amerikanischen Nachrichtenmedien einzigartig.

Wir in Europa können uns hingegen am Fall Williams nur ein Beispiel nehmen: Statt der oft illusorischen, oftmals polemischen Forderung nach „Objektivität" die Forderung nach absoluter Faktentreue – falls die Fakten überhaupt erkennbar sind. Und wenn dies nicht der Fall sein sollte, gilt der eiserne Grundsatz: „If in doubt – leave it out": im Zweifelsfall weglassen.

Vienna – City of Hype
(21.5.2015)

Wann, oh wann wird diese Stadt endlich wieder zur Ruhe kommen und zu ihrer nostalgisch-schläfrig-gemütlichen Identität zurückkehren? Siebzig Jahre Zweite Republik, sechzig Jahre Staatsvertrag, Eurovision Song Contest und Life Ball, Wiener Festwochen, Rathaus-Filmfestival, Regenbogenparade, endlose öde Touristenströme in der Innenstadt und fette Reisebusse am Ring und ein aufgeregtes und aufregendes Event jagt das andere in der Donaumetropole, von Kultur zu Party, von schrill zu subtil, der große Hype hat die Donaumetropole mit eisernem Griff erfasst – und lässt sie nicht wieder los.

Mit dem Life Ball (Motto: „Akzeptanz ist eine Tochter der Freiheit") und dem Eurovision Song Contest mit dem sympathischen Zwitterwesen Conchita Wurst als Mittelpunkt, mit Verkehrsampeln, die homosexuelle und lesbische Paare statt einsamer Heteros aufleuchten lassen, zelebriert sich die Donaumetropole als „city of hope" – Hoffnung auf Toleranz, Akzeptanz, Freiheit, kurz: alles Schöne und Gute. Das „rote Wien" war ja immer schon progressiv, das galt, was die großen Infrastrukturprojekte betraf, selbst für den christlichsozialen Bürgermeister Karl Lueger, der dann aber den Antisemitismus zum politischen Programm machte (und damit zum Lehrmeister und Vorbild Adolf Hitlers wurde).

Vienna als „city of hope"? Eher scheint es in diesen Tagen: Vienna – „city of hype". Gery Keszler, der den Life Ball von idealistischen, bescheidenen Anfängen zum Promi-Star-Glamour-Event geführt hat, traf mit seiner mutigen und erschütternden Rede am diesjährigen 23. Life Ball den Nagel auf den Kopf, als er – unter dem Eindruck des Aidstodes zahlreicher Freunde – offen kritisierte, dass seine inzwischen gigantische und weltberühmte Charity-Inszenierung zur reinen Show, zur großen Party verkommen sei. Wer an jenem letzten Samstag, eingequetscht in eine auf seichten Genuss und überlaute Selbstdarstellung fixierte Menschenmasse auf dem Rathaus die Eröffnungsshow erlebte, musste zu genau diesem Schluss kommen.

Die Sezession, Klimt, dessen Beethoven-Fries und natürlich auch die „Goldene Adele" waren die Themen des Life Ball. In Kürze wird der Film „Woman in Gold" mit Helen Mirren über diesen spektakulärsten Restitutionsfall der Zweiten Republik in die Wiener Kinos kommen. Auch in diesem Film werden Dinge deutlich ausgesprochen: nämlich dass die durch Bundeskanzler Wolfgang Schüssel initiierte Restitutionspolitik letztlich nichts anderes als eine taktische Legitimierung seiner weltweit umstrittenen Koalition mit dem rechtsextremen Jörg Haider war. Dies wurde hinreichend deutlich in der Gestalt von Schüssels unbedarfter Kulturministerin Elisabeth („Lisl") Gehrer, welche die Sache gründlich verbockt hatte: Ohne ihr stures Beharren auf einer juristisch und moralisch völlig unhaltbaren Position würde die (die jenem Film als „österreichische Mona Lisa" bezeichnete) „Goldene Adele" das zweitteuerste Gemälde der Welt, auch heute noch im Belvedere hängen und nicht als Prunkstück in Ronald Lauders „Neuer Galerie" in Manhattan. Wo ich übrigens auf der Schrifttafel einen peinlichen Grammatikfehler ortete, den die einstige Volksschullehrerin „Lisl" zweifellos sofort ganz dick mit Rotstift unterstrichen hätte. Denn zumindest damit wäre sie bestimmt nicht überfordert gewesen.

5. Ein Krokodil auf Abwegen

Hundstage
(6.8.2015)

Wir brauchen keinen Kalender, um zu merken, dass wir jetzt genau mittendrin strecken – in den Hundstagen. Wer bisher geglaubt haben sollte, die „Hundstage" hießen so, weil es in diesen Tagen selbst den Hunden zu heiß ist, so dass diese sich im nächstbesten Gewässer abkühlen und sich hernach tüchtig schütteln, der ist einem Irrtum unterlegen: Die Hundstage sind eine astronomische Angelegenheit. Namensgebend war das Sternbild „Großer Hund" (Canis Major), und den Monat zwischen dessen Aufgang und der Sichtbarkeit als gesamte Einheit nannte man die „Tage vom großen Hund". Die alten Römer legten diesen Zeitraum eher zufällig zwischen den 23. Juli und den 23. August und bezeichneten diese Tage als „dies caniculares". Die Russen nennen selbst ihre Sommerferien („kanikuly") nach den Hundstagen.

Die Hundstage in der Medienwelt sind durch ein chronisches Fehlen von berichtenswerten Ereignissen gekennzeichnet, da Politiker und andere Entscheidungsträger im Urlaub weilen. Und da selbst Mörder und andere Übeltäter an der Adria oder der Costa Brava Pause zu machen scheinen, füllt man die gähnend leeren Spalten mit netten, aber belanglosen Geschichten. Doch Tiere machen bekanntlich keinen Urlaub (außer natürlich, eher unfreiwillig, die Hunde, Katzen, Kanarienvögel und die Zierfische der urlaubenden Eigentümer).

Deshalb greifen die Redaktionen in den Hundstagen auffällig oft auf Tiergeschichten zurück. Da wäre die weltweit aufsehenerregende Geschichte vom berühmten dreizehnjährigen Löwen Cecil mit der schwarzen Mähne, der von einem amerikanischen Zahnarzt erlegt wurde, der sich als Wildtierkiller vergnügte. Oder die Killermöwen, die neuerdings den Briten Sorgen bereiten, oder das alte Dauerthema Killerhaie, die südafrikanischen und australischen Surfern den Spaß verderben. Die skurrilste Tiergeschichte der letzten Tage war sicher jene des Katers „Kukeli" in Meilen bei Zürich, der von einer Katze namens „Eowyn" gemobbt wurde, wie die Staatsanwaltschaft hernach festzustellen hatte.

Die genannten Beispiele sind ebenso aktuell wie authentisch. Bei vielen Tiergeschichten handelt es sich allerdings um „Enten". Zeitungsenten sind gleichermaßen beliebt bei findigen Zeitungsschreibern und gutgläubigen Lesern. Dass die „Ente" mit dem Watscheltier nicht das Geringste zu tun hat, wissen allerdings die wenigsten: „Ente" kommt von der englischen Abkürzung „N. T." – und das bedeutet „not testified", also „nicht belegt". Was bei den meisten dieser Geschichten niemanden wundert.

Ein Krokodil in Kärnten
(28.8.2012)

Einmal war es keine Ente, welche in Österreich die hochsommerliche Medienflaute mit ihrem lautem Schnattern belebte – sondern ein Krokodil. Und zwar ein leibhaftiges. Also, im Gegensatz zur „Zeitungsente", die ja bekanntlich nicht das Tier meint, sondern beispielsweise auf die englische Abkürzung „N. T." zurückzuführen ist, was für „not testified" („nicht bezeugbar") oder gar „not true" („nicht wahr") steht, handelte es sich bei erwähntem Krokodil um ein durchaus bezeugtes, also wohl auch reales Reptil.

Dass dieses Krokodil ausgerechnet in Kärnten aufgetaucht ist, verleiht der Geschichte einen zusätzlichen Reiz: In Österreichs skandalgeschütteltem südlichen Bundesland ist, wie es scheint, inzwischen nichts mehr undenkbar – nicht einmal das Auftauchen einer mächtigen Panzerechse im bisher friedlichen Fluss Drau. Zwei elfjährige Kinder suchten dort an einem heißen Sommernachmittag Erfrischung, als plötzlich ein, wie sie berichteten, rund zwei Meter langes Krokodil aus den Fluten schoss. Dieses attackierte nicht sie selbst, sondern glücklicherweise nur ihre abgelegten Kleider. Die Kinder konnten fliehen, doch das Untier verbiss sich in einen rosaroten Plastikschuh und hinterließ dort, wie ein Zeitungsfoto deutlich zeigt, einen Krokodilszahn. Es handelte sich – bisweilen schreibt doch das Leben die schönsten Geschichten – um einen Schuh der Marke „Crocs".

Dies wäre ja an sich schon Pointe genug. An dieser Stelle fließt die Drau wegen einer Biegung träge dahin, das Wasser ist wärmer als an anderen Stellen – selbst warm genug für ein einsames Krokodil. Grundeigentümer ist zwar das Land Kärnten, aber die Wasserrechte hat sich ausgerechnet an diesem Flussabschnitt kein anderer als Kurt Scheuch gesichert, der Bruder des Uwe Scheuch, der wegen Korruption zu sieben Monaten bedingter Haft verurteilt wurde. Kurt trat an die Stelle seines Bruders Uwe als Chef der rechtsgerichteten Kärntner Regierungspartei FPK sowie als Landeshauptmannstellvertreter. Als Naturschutzreferent war er zuständig für Kärntens Flora und Fauna. Also auch für Krokodile.

Ist Geiz geil?

(7.5.2015)

Geiz, so versuchte uns vor einigen Jahren eine Elektronikhandelskette weiszumachen, sei „geil". Nicht „geil" ist Geiz zweifellos, wenn es um humanitäre Belange geht. Das verheerende Erdbeben in Nepal und die fast täglichen Meldungen über die Flüchtlingsdramen im Mittelmeer haben einem unerfreulichen Dauerthema neue Aktualität verliehen: der stark unterdotierten österreichischen Entwicklungshilfe.

In ihrem „Peer Report" vom Januar kritisiert die OECD (Organisation für Wirtschaftliche Zusammenarbeit und Entwicklung) Österreich. Die zweitreichste EU-Nation hinkt in ihren Aufwendungen für Entwicklungszusammenarbeit nach wie vor weit hinter dem von der Organisation festgeschriebenen Ziel von 0,7 Prozent des Bruttoinlandsprodukts (BIP) her: Gerade 0,26 Prozent des BIP (845 Millionen Euro – 1,5 Milliarden Euro weit entfernt von der OECD-Zielsetzung) leistet sich eine der wohlhabendsten Nationen der Welt, um die Not der Ärmsten zu lindern. Das Nachbarland Schweiz liegt mit 0,49 Prozent deutlich vor Österreich, aber ebenfalls weit hinter der OECD-Zielsetzung, welche gegenwärtig allerdings nur gerade 4 der 24 Mitgliedstaaten erreichen. Auffälligerweise sind dies drei skandinavische Nationen (Schweden, Norwegen, Dänemark) und Großbritannien.

Dass auch diese Frage sofort zu einem innerkoalitionären Streitobjekt wurde, dass sogleich der Schwarze Peter von den Schwarzen den Roten zugeschoben wurde, versteht sich in Österreich von selbst: Die ÖVP reibt dem Koalitionspartner SPÖ die Tatsache unter die Nase, dass 90 Prozent der Kosten der gesamten Entwicklungszusammenarbeit von nur vier Ministerien getragen werden – und, so stellt die ÖVP fest, es seien ausschließlich Ministerien, die sich in den Händen der Volkspartei befinden (Innen- und Außenministerium, Wirtschafts- und Finanzministerium). Dies, so stellt die ÖVP in einem Strategiepapier fest, müsse sich ändern; künftig müssten sich alle Ressorts, auch jene, die von der SPÖ geführt werden, an den Aufwendungen für Entwicklungshilfe beteiligen. Das betreffe das Verteidigungs, das Sozial- und das Gesundheitsministerium, das Unterrichts- und das Verkehrsministerium und natürlich auch das Bundeskanzleramt. Während die Koalitionsquerelen hin- und herwogen, versinken weiter die Flüchtlingsschiffe im Mittelmeer, leiden die Erdbebenopfer weiter unter Hunger, Durst und Obdachlosigkeit. 5 Millionen Euro, Teil jener 845 Millionen, werden als Auslandskatastrophenfonds für derartige Desaster bereitgehalten. Klingt nach viel Geld – ist aber eine geradezu bescheidene Summe im Verhältnis zu den Unsummen an Belastungen, welche diese Nation den Hinterlassenschaften der populistischen Eskapaden des Jörg Haider zu verdanken hat. Katastrophen- und Entwicklungshilfe ist nicht nur ein humanitärer Imperativ – sie stellt auch eine Notwendigkeit in unserem eigenen Interesse dar. Denn Not macht Flüchtlinge, und die Flüchtlingsströme drohen zu einer eigentlichen Völkerwanderung anzuwachsen. Die Probleme, die da mit dieser Flut auf uns zukommen werden, können wir bisher nicht einmal erahnen. Stattdessen beschränken wir uns auf Symptombekämpfung im Mittelmeer – und verhalten uns nach dem Motto „Geiz ist geil". Jene Elektronikhandelskette hat inzwischen übrigens diesen Slogan wieder aus dem Verkehr gezogen. Er ist obsolet geworden.

Kopfnüsse

(27.11.2014)

Kopfnüsse sind eine ganz besondere Art von Nüssen: Man kann sie nicht essen, aber sie tun in der Regel ziemlich weh. Appliziert werden sie mit dem Knöchel des Mittelfingers und zwar an jenem Teil des Kopfes, in dem sich das Gehirn befindet oder zumindest befinden sollte. Am Gymnasium in St. Gallen (Schweiz) hatten wir einen altmodischen Geschichtslehrer, dessen großzügig an die schwatzende, unaufmerksame oder denkfaule Schüler verteilte Kopfnüsse berüchtigt waren. Die disziplinierende oder zu intensiverem Denken anregende Wirkung dieser Übergriffe war zumindest umstritten. Ebenso jene des jähzornigen Zeichenlehrers, der Schüler schmerzvoll an Ohren oder Haaren zu ziehen pflegte, die vor seinem Erscheinen im Klassenzimmer die

„Schulprobleme"

„11% der Schühler – also fast die Helfte"

Wandtafel mit originellen Kreidezeichnungen geschmückt hatten. Doch keinem von uns kam es auch nur in den Sinn, uns über diese beiden Lehrer bei der Schulleitung zu beschweren.

Inzwischen haben sich die Dinge in ihr Gegenteil verkehrt: Physische Gewalt einer Lehrkraft gegen Schulkinder ist längst explizit verboten und würde heutzutage sofort energische Beschwerden der Eltern nach sich ziehen – stattdessen nimmt Gewalt bzw. Gewaltbereitschaft unter Schülern und von Schülern gegen Lehrer in besorgniserregendem Maße zu. In einer in Niederösterreich schon vor einigen Jahren durchgeführten Befragung unter 705 Lehrern gaben 13 Prozent an, körperlich von Schülern attackiert worden zu sein.

Gewalt grassiert allerdings nicht nur an den Schulen, sondern auch im Elternhaus. Seit nunmehr genau einem Vierteljahrhundert wird im Allgemeinen Bürgerlichen Gesetzbuch (ABGB) festgehalten: „Eltern haben das Wohl ihrer minderjährigen Kinder zu fördern, ihnen Fürsorge, Geborgenheit und eine sorgfältige Erziehung zu gewähren. Die Anwendung jeglicher Gewalt und die Zufügung körperlichen oder seelischen Leides sind unzulässig." Ebenfalls vor einem Vierteljahrhundert, am 20. November 1989, verabschiedete die UNO-Generalversammlung die UNO-Kinderrechtskonvention, die inzwischen von nahezu allen UNO-Mitgliedsstaaten ratifiziert wurde. Österreich war eines der ersten Länder, das die Konvention unterzeichnete.

Doch allein im letzten Jahr wurden in Österreich 260 Straftaten wegen Quälens oder Vernachlässigens unmündiger, jüngerer oder wehrloser Personen zur Anzeige gebracht – von einer hohen Dunkelziffer ist auszugehen. 16 dieser Taten wurden als Verbrechen eingestuft: als vorsätzliche Handlungen, die mit mehr als dreijähriger Freiheitsstrafe bedroht sind. Die übrigen 244 Fälle galten als „leichtere Vergehen". Die Einstellung: „Was mir nicht geschadet hat, schadet auch meinen Kindern nicht", ist nach wie vor verbreitet. Der Sportler Felix Baumgartner sagte vergangenes Jahr in einem Interview, er sei für eine „gesunde Ohrfeige, wenn's sein muss"; das sei bei seinem Vater nicht anders gewesen. Der FPÖ-Politiker Uwe Scheuch, ehemaliges Mitglied der Kärntner Landesregierung und früherer Parteiobmann der Freiheitlichen in Kärnten, erklärte 2012 im Fernsehen, es sei „sinnvoll und gut", wenn Pädagogen „einem Schützling ab und an a klane Tetschn" geben könnten. Keine Einzelfälle: Zwei Drittel der Österreicherinnen und Österreicher halten einen „leichten Klaps" als Erziehungsmaßnahme für angebracht und zulässig, wie die kürzlich vom Familien- und Jugendministerium präsentierte Studie „Gewalt am Kind" zeigt.

Demokratie – direkt
(23.4.2015)

Kürzlich hatte ich die Ehre, im Parlament einen kleinen Beitrag zum Thema „direkte Demokratie" zum Besten zu geben – in meiner Funktion als Schweizer im Exil, also aus dem Land stammend, das wohl unter allen Ländern weltweit die direkte Demokratie am längsten, intensivsten und wohl auch erfolgreichsten praktiziert. Die Veranstaltung diente dem Zweck der Meinungsbildung im Hinblick auf eine Stärkung der direkten Demokratie auch in Österreich, wo es zwar direktdemokratische Instrumente gibt – doch eingesetzt werden diese wesentlich seltener als im Nachbarland Schweiz, nämlich erst zweimal zu grundlegenden Fragen, zum Atomkraftwerk Zwentendorf (1978) und zum EU-Beitritt (1994). Häufiger kommen in Österreich nichtbindende Instrumente zum Einsatz, nämlich Volksbegehren und Volksbefragung. Mithilfe dieser konsultativen Instrumente kann die Politik, können die regierenden Parteien gleichsam den Volkswillen erforschen – und je nachdem, ob dieser in ihr politisches Konzept passt, als demokratisches Argument herbeiziehen oder schlicht ignorieren. Dies könnte man durchaus als opportunistisch bezeichnen. Oder als zynische Augenwischerei: Da wird direkte Demokratie vorgegaukelt, wo es sie in Wirklichkeit nicht gibt.

Direkte Demokratie ist eine schöne Sache – eine Studie der renommierten ETH Zürich hat tatsächlich ermittelt, dass die Möglichkeit, sich direktdemokratisch nicht nur zu äußern, sondern auch in der politischen Realität etwas zu bewirken, mit dem subjektiven Glücksgefühl positiv korreliert. Mit anderen Worten: Demokratie kann glücklich machen. Grund genug, auch in Österreich mehr Demokratie zu wagen?

Zwei Dinge beeinflussen das Abstimmungsverhalten der Wähler: Emotionen und Vernunft. Ersteres heißt: Wähler sind grundsätzlich mehr als nur beeinflussbar, sie sind manipulierbar. Populistische Parteien bietet die direkte Demokratie willkommene Möglichkeiten zur Wählermanipulation, da sie direkt Emotionen ansprechen: Ängste, Hoffnungen, Sympathien, Antipathien. Wenn diese Populisten sich der Boulevardpresse, der Massenblätter bedienen können, gilt dies umso mehr. Also müsste beim Abstimmungsverhalten die Emotion in den Hintergrund gedrängt und die Vernunft gefördert werden. Untersuchungen, insbesondere des renommierten Schweizer Politologen Hanspeter Kriesi, zeigen im Gegensatz zur landläufigen Meinung, dass die Schweizer Stimmbürger mehrheitlich keine vorgefassten Meinungen haben, die der Debatte im Abstimmungskampf nicht mehr zugänglich wären. Nur bei rund einem Drittel steht die Entscheidung an der Urne von vornherein fest. Die Mehrzahl der Wähler trifft ihre Entscheidung erst im Vorfeld der Abstimmung. Erstaunlicherweise findet laut empirischer Untersuchung die stärkste Beeinflussung durch Freunde und Bekannte (24 Prozent), mit denen erstaunliche 70 Prozent jeweils über eine aktuelle Abstimmungsvorlage diskutieren. Erst danach kommt die Information durch die Medien (22 Prozent) und nur bei 16 Prozent sind die Abstimmungsempfehlungen und Parolen der Parteien maßgebend. Mit anderen Worten: Die persönliche, subjektive Beeinflussung durch das persönliche Umfeld hat mehr Gewicht als die (wirklich oder vermeintlich) sachlich-objektive der Medien oder gar die politische durch die Parteien. Politik als vor allem private Angelegenheit – das muss in der „res publica" zu denken geben.

Vermeintlich gegen die Demokratie spricht, dass die Wahlbeteiligung sich in der Schweiz, wo jedes Vierteljahr eine Abstimmung auf nationaler, kantonaler und Gemeindeebene stattfindet, durchschnittlich auf 40 Prozent eingependelt hat. Das heißt also, dass jeweils die (interessierte) Minderheit über die (passive) Mehrheit entscheidet. Da aber 56 Prozent „selektiv" zur Urne gehen und nur ein harter Kern von 26 Prozent von „Modelldemokraten" konsequent abstimmt, gibt es eine große Zahl von Bürgern, die je nach Vorlage zur Urne geht. So gesehen schreiten 70 Prozent der Stimmbürger „wechselweise" zu den Urnen – und das ergibt doch immerhin eine „kumulierte" Stimmbeteiligung von 70 Prozent. Bedenklich ist allerdings: Mittlerweile sind manche Vorlagen derart komplex und hochgradig technisch, dass laut einer anderen ETH-Untersuchung eine erschreckende Anzahl Stimmbürger für das genaue Gegenteil dessen stimmt, was sie eigentlich gemeint hätte.

Säbelrasseln

(28.7.2011)

Als sich im Mai die rechtsextremen Burschenschaften auf dem Wiener Hel-
denplatz zum alljährlichen „Totengedenken" – einer Art Trauerfeier für den
Untergang des „Dritten Reiches" – versammelt hatten, war das Augenmerk
der Medien auf den Rechtspopulisten Heinz-Christian Strache gerichtet. Der
FPÖ-Chef hatte seine Präsenz als Festredner angekündigt, war dann aber un-
ter fadenscheinigen Begründungen doch ferngeblieben. Kurz danach meldete
Strache den Anspruch auf das Amt des Bundeskanzlers nach den nächsten
Nationalratswahlen an, die er an der Spitze seiner FPÖ gewinnen will.

Inzwischen haben die emsigen Grünen einen anderen interessanten Aspekt
jener Feierstunde aufgespürt und zur Sprache gebracht: die Säbel. Diese sind
Teil der Aufmachung der Burschenschaftler bei offiziellen Anlässen und großen Zeremonien. Der Justizsprecher der Grünen, Albert Steinhauser, richte-
te eine parlamentarische Anfrage an Innenministerin Johanna Mikl-Leitner
(Volkspartei, ÖVP), in der er § 91 Versammlungsgesetz zitierte. Laut dieser
Gesetzesnorm ist das Mitführen von Gegenständen bei öffentlichen Versamm-
lungen, die „geeignet sind, Gewalt gegen Menschen oder Sachen auszuüben",
ausdrücklich verboten.

Die Innenministerin argumentiert, dass dieser Paragraf für das „Totengedenken" der Burschenschaftler nicht zur Anwendung komme, zumal es sich
gar nicht um eine Versammlung, sondern um eine „kulturelle Veranstaltung
zur öffentlichen Belustigung" gehandelt habe. Und dafür sehe das Gesetz
explizit eine Ausnahme vom Waffenverbot vor. Der Jurist Steinhauser wit-
tert jedoch eine Gesetzesumgehung: Diese Ausnahme sei gemäß Auslegung
des Verfassungsgerichtshofes ausdrücklich nur für „Hochzeitszüge, volksge-
bräuchliche Feste oder Aufzüge, Leichenbegängnisse, Prozessionen, Wallfahr-
ten" und Ähnliches vorgesehen. Dass für den von einem gigantischen Polizei-
einsatz begleiteten Aufmarsch der Burschenschaftler das Versammlungsgesetz
nicht gelten solle, will dem grünen Politiker nicht einleuchten.

Realsatire
(4.12.2014)

Am 9. November wurde der 25. Jahrestag des Falls der Berliner Mauer und damit auch des Eisernen Vorhangs begangen – ein unbestrittener Höhepunkt des 20. Jahrhunderts. Der 9. November ist jedoch auch ein Gedenkdatum, das an einen Tiefpunkt des vergangenen Jahrhunderts erinnert: die „Reichspogromnacht", von den Nazis zynisch als „Reichskristallnacht" bezeichnet. Eines der Opfer dieses mörderischen Treibens war der österreichische Historiker, Journalist, Satiriker und Schriftsteller Egon Friedell. Als am 16. März 1938 zwei SA-Männer in seine Wohnung eindrangen und nach dem „Jud Friedell" fragten, sprang er aus einem Fenster der im dritten Stock gelegenen Wohnung. Tragische Pointe: Friedell hatte vor seinem Todessturz die Passanten auf der Straße mit dem Ruf gewarnt: „Treten Sie zur Seite!"

Friedell war ein Meister der Ironie – berühmt ist sein Text „Die österreichische Seele", der in jenem legendär gewordenen Steuerbescheid der Wiener Finanzbehörde gipfelte: „Auf Grund der amtlichen Erhebungen werden Sie auf Grund Ihrer Lohngenüsse bzw. dauernden Emolumente aus Ihrer Tätigkeit als ausschließlicher Verfasser der periodischen Druckschrift ‚Frankfurter Zeitung' für die Jahre 1926 bis 1929 in die Gruppe Ia der allgemeinen Erwerbsteuer, resp. Ib der temporären Einkommensteuer eingereiht. Die Höhe der vorauszuzahlenden Nachtragssteuer wird aus der Einkommenstufe für das zweite Semester der unmittelbar dem dazwischenliegenden Jahre des vorhergehenden dritten Halbquartales als zweite Rate der Zuwachsstaffel vorgeschriebenen Katasterumlage, jedoch vermehrt um den mit der Steuernovelle vom 3. Jänner 1921 für die nicht in die für die unter die Befreiung von der direkten Einkommensmehrertragssteuer fallenden vorgesehenen kommunalen Erwerbszuschlag, jedoch abzüglich der bereits für die der Versteuerungsperiode vorausgegangenen letzten drei – soweit sie noch in diese Periode fallen – schuldigen Vermehrungssteuerquoten bis spätestens zum als Stichtag geltenden 1. Dezember 1926 eingezahlten Beträge errechnet."

Friedell und das von ihm zitierte Amtsdeutsch sind von ungebrochener Aktualität, wie ein Auszug aus der aktuellen Wiener Magistratsverordnung beweist: „Einsprüche bezüglich Strafen wegen Zuwiderhandlungen gegen die Verordnung des Magistrates der Stadt Wien, worin die im Parkometergesetz 2006 Parkometerabgabeverordnung und in der Kontrolleinrichtungenverordnung geregelten Tatbestände, die mit Anonymverfügung geahndet werden können, bestimmt und die dabei zu verhängenden Strafen im Vorhinein festgesetzt werden (WrPG-ANO-VO) sind nicht hier, sondern bei der dafür vorgesehenen Dienststelle des Magistrates der Stadt Wien einzubringen." Alles klar?

Rechtsstaat auf Abwegen
(4.6.2015)

In Österreich gehen die Uhren bekanntlich anders. Und das ist gut so: Das fördert den Tourismus und inspiriert die Dichter. Weniger bekannt ist, dass hier auch die Etymologie anders funktioniert – zumindest für ein wichtiges Wort: Rechtsstaat. In Österreich, so will es scheinen, ist „Rechtsstaat" nicht von „Recht" herzuleiten, sondern von „rechts". Zumindest lassen zwei aktuelle Fälle dies vermuten – andere, ältere, bekräftigen diese Vermutung. Im einen Fall ist der Übeltäter soeben aus dem Gefängnis entlassen worden, im anderen steht er kurz davor, hinter Schloss und Riegel gesetzt zu werden. In beiden Fällen soll hier kein Urteil über Schuld oder Nichtschuld des Verurteilten gefällt werden – dazu fehlen hier die (äußerst umfangreichen) Gerichtsakten und zudem das einschlägige Fachwissen. Was aber sehr wohl gesagt werden kann – und muss, denn es ist selbst für den juristischen Laien ziemlich auffällig – sei hier kurz dargelegt.

Fall 1: Vor zehn Tagen ist in Wien der deutsche Student Josef S. unter Berufung auf die Strafgesetznorm 274 (Landfriedensbruch) sowie wegen „schwerer Sachbeschädigung und versuchter schwerer Körperverletzung" zu einem Jahr Gefängnis verurteilt worden. Davon acht Monate bedingt – und da Josef S. bereits seit Januar, also seit rund sechs Monaten in Untersuchungshaft sitzt, hat er den unbedingten Teil seiner Strafe mehr als abgesessen, er wurde unverzüglich auf freien Fuß gesetzt. Will heißen: Josef S. saß sechs Monate hinter Schloss und Riegel, zwei Monate mehr, als er musste, zwar nur in Untersuchungshaft, aber dennoch eingesperrt. Das wirft schon einmal ein Licht auf den offenbar recht großzügigen Umgang mit Untersuchungshaft hierzulande – für gewisse Angeklagte. Man denke an den Tierschützerprozess. Was da im Januar geschah, war, kein Zweifel, gravierend. Da haben gewalttätige Demo-Profis eine Demonstration in Wien gewissermaßen gekapert und dann Aggressionen und Gewalttätigkeiten freien Lauf gelassen. Was weniger eindeutig ist, war die Rolle des (einzigen) Verurteilten Josef S. bei diesen gewaltsamen Übergriffen: Das Gericht stellte S. als Rädelsführer hin – ja von „Terrorismus" war da gar die Rede. Auch der Begriff „Terror" scheint in diesem friedlichen Land eine ziemlich andere Bedeutung zu haben als anderswo. Der Angeklagte jedenfalls beteuerte, er habe bei der Demonstration lediglich „einen Mülleimer angefasst und aufgestellt". Seine Verteidigung, die Freispruch gefordert hatte, argumentierte, S. habe „friedlich und ohne Vermummung" an der Demonstration teilgenommen. Wer und was hat Josef S. hinter Gitter gebracht? Die Aussage eines einzigen Zeugen, eines Polizisten in Zivil. Tatsache: Es ging um eine (von Gewaltakten durchsetzte) „linke" Demonstration gegen eine sich biederbrav gebende, aber eben doch dezidiert rechtsgerichtete und damit politisch einschlägige Ballveranstaltung.

Fall 2: Stephan T. hat in einem Restitutionsverfahren im Wiener 8. Bezirk einen Anteil an einer bedeutenden Immobilie restituiert – und im Formular den Namen einer Tante (ob versehentlich oder in betrügerischer Absicht, das bleibe dahingestellt) nicht genannt, aber damit seiner erbberechtigten Mutter den doppelten Anteil zukommen lassen. Konsequenz: Die Republik Österreich, die kurzzeitig nach dem Krieg (unrechtmäßig!) Eigentümerin der von den Nazis – nach dem Selbstmord der jüdischen Eigentümer unmittelbar nach einer jener beliebten „Bodenwasch-Aktionen" anno 1938 – „arisierten" Immobilie war, erklärt sich absurderweise für „geschädigt" durch diesen „Betrug". Die Republik Österreich, die sich so gerne als Opfer des Nationalsozialismus darstellte, hat sich damit einmal mehr in eine angemaßte „Opferrolle" begeben. Die Gerichte verurteilten Stephan T. zu drei Jahren unbedingter Haft; das Strafmaß wurde zwar auf ein Jahr herabgesetzt – doch in Kürze muss er die einjährige Gefängnisstrafe antreten. Schizophren daran ist, dass die Republik selber zugibt, dass dies ein Fehlurteil ist. Friedrich Forsthuber, der Präsident des Wiener Straflandesgerichtes, das ja dieses Urteil fällte, hat bereits im Mai öffentlich festgestellt: Dieses Urteil ist falsch. Tatsache: Stephan T., Historiker und NZZ-Mitarbeiter, unbescholten und nicht vorbestraft, ist durch unbequeme Zeitungsartikel und insbesondere ein gut recherchiertes Buch über „Arisierungen" aufgefallen, in dem erstmals die Namen der „Ariseure" aufgeführt wurden.

Das Ausland hat diese beiden Prozesse sehr genau beobachtet – und entsprechend kritisch kommentiert. Gewisse Wahrheiten auszusprechen und gewisse Positionen einzunehmen ist in diesem Rechts-Staat offenbar nicht ganz ungefährlich – und man wird es sich hierzulande künftig zweimal überlegen, ob man vom Demonstrationsrecht wirklich Gebrauch machen will. Manchmal bin ich ganz froh, in der einen Tasche den Schweizer und in der anderen den britischen Pass mit mir herumzutragen. Denn wer weiß.

Kürzlich hat sich in Österreich ein weiterer, aufsehenerregender Fall ereignet: Für „nachvollziehbar" hielt eine Grazer Staatsanwältin die menschenverachtende Hetzpropaganda eines notorischen Rechtsextremisten gegen KZ-Überlebende – und stellte das Strafverfahren ein. Auch dieser Justizskandal schädigt, nicht anders als der Fall Templ, das Ansehen Österreichs weltweit. Fassungslos nimmt man zur Kenntnis, dass noch im Jahr 2016 ausgerechnet in dieser Nation, die sich jahrzehntelang feige um ihre (erwiesenermaßen überproportionale) Beteiligung an NS-Verbrechen mit fadenscheinigen Begründungen herumgedrückt hatte, die schier unglaubliche Verhöhnung von KZ-Opfern ohne strafrechtliche Konsequenzen bleiben kann.

Der Fall: Der grüne Parlamentarier Harald Walser hatte wegen eines Artikels unter dem Titel „Mauthausen-Befreite als Massenmörder" in der FPÖ-nahen Monatszeitschrift „Aula" Anzeige erstattet. Der Autor dieses Machwerks, ein gewisser Manfred Duswald („Alter Herr" der vom deutschen Verfassungsschutz seit langem als rechtsextrem eingestuften Burschenschaft Danubia München), bezeichnete in seinem Artikel die 1945 aus dem KZ Mauthausen befreiten Häftlinge als „Landplage" und „Kriminelle", die „raubend und plündernd, mordend und schändend" das „unter der ‚Befreiung' leidende Land" heimgesucht hätten.

Die Grazer Staatsanwaltschaft stellte das Verfahren gegen Duswald (sowie den „Aula"-Herausgeber Martin Pfeiffer) mit der abenteuerlichen Begründung ein, es sei „nachvollziehbar, dass die Freilassung mehrerer Tausend Menschen aus dem Konzentrationslager Mauthausen eine Belästigung für die betroffenen Gebiete Österreichs darstellte", und es sei „unbestritten", dass sich unter den freigelassenen KZ-Häftlingen „Rechtsbrecher" befunden hätten.

Ist dieses skandalöse Urteil ein Vorgeschmack dessen, was wir nach einem Wahlsieg Hofers und einer Machtübernahme durch Strache und seine FPÖ von der Justiz in diesem Lande zu erwarten haben?

Oper als politisches Fanal
(23.7.2015)

Kaum ruht die Politik und begibt sich in den wohlverdienten Sommerschlummer – und schon beginnt die Oper. Große Oper, so weit das Auge reicht: Genau zwei Wochen bevor in Bregenz auf der Seebühne die Scheinwerfer zur „Turandot"-Premiere aufflammen, hatte ganz am anderen, östlichen Ende dieses langgestreckten Österreich jene andere große Puccini-Oper Premiere: „Tosca", im gewaltigen Römersteinbruch St. Margarethen. An zwei Spielorten, die kontrastreicher nicht sein könnten – dem Kaiserhof im barocken Stift Klosterneuburg und in der Ruine der tausendjährigen Burg Gars am Kamp –, griffen die Veranstalter zu zwei Werken des Altmeisters Verdi: „Rigoletto" in Klosterneuburg und „Don Carlo" in Gars.

Oper als Kontrapunkt zu Politik? Mitnichten. Alle vier großartigen Werke, die beiden Puccini-Opern und die beiden Verdi-Opern, sind bei näherer Betrachtung hochpolitisch. Der gemeinsame Nenner: In allen vier Musikdramen geht es, klar, um (tragische) Liebe, zugleich aber um despotische Macht und Machtmissbrauch. Dass dieser durch Erotik (oder deren anfängliche Ablehnung – siehe „Turandot") hervorgerufen wird, macht die Sache nicht besser, allenfalls klangvoller. Im „Rigoletto" missbraucht der Herzog von Mantua seine Macht, um an die Opfer seiner sexuellen Begierden heranzukommen, in der „Tosca" benutzt der mit schrankenlosen Vollmachten ausgestattete Römer Polizeichef Scarpia den Maler Mario Cavaradossi als Geisel, um der attraktiven Sängerin Floria Tosca habhaft zu werden. Die gewaltige Szene mit Scarpias Auftritt in der Römer Kirche Sant'Andrea della Valle zeigt die Verschränkung von totalitärer Staatsmacht und Kirche, während im „Don Carlo" die Allmacht des greisen, erblindeten Großinquisitors als Personifizierung der katholischen Kirche die weltliche Macht von König Philipp II. zur Ohnmacht werden lässt – dieses Königs, der die Verlobte seines Sohnes zur Gattin genommen und sich eiskalt über alle ethischen, emotionalen und menschenrechtlichen (spanische Kolonialherrschaft über Flandern) Beweggründe hinweggesetzt hatte.

Die Sängerin Tosca und der Maler Cavaradossi werden – Tosca als Liebende, die ihren Geliebten retten will, und Cavaradossi, der seinen Freund Angelotti vor den Häschern Scarpias schützen will – durch die Umstände und ohne Konzept zu Helden des Widerstands: Ist es die Bestimmung des Künstlers, der Künstlerin Positionen gegen die brutale, absolute Staatsgewalt einzunehmen – und sogar zu Helden und Märtyrern zu werden, für das schicksalhaft übernommene Ideal zu sterben? Will uns Puccini diese Botschaft übermitteln?

Nur im „Don Carlo" revoltiert das empörte Volk gegen die Gewaltherrschaft – allerdings nur kurz, denn allein schon das Erscheinen des Großinquisitors lässt diesen Aufstand im Keim ersticken. Es sind Opern, die wenig Hoffnung geben auf demokratisch kontrollierte Macht – die Mächtigen sind beherrscht von ihren Trieben und blinder Staatsräson (Philipp), und nichts und niemand kann sie zurückhalten. Frei erfunden? Das „Rigoletto" zugrunde liegende Stück „Le Roi s'amuse" von Victor Hugo brachte den skrupellosen französischen König Franz I. auf die Bühne – die schon damals äußerst hellhörige Zensur war nur durch eine Identitätsänderung des absolutistischen Lüstlings auf die an dessen Stelle gesetzte Figur des Herzogs von Mantua zu beschwichtigen.

Und „Turandot"? Puccinis letzte Oper handelt von einer persischen (nicht chinesischen) Prinzessin aus tausendundeiner Nacht, die ihre Freier köpfen lässt, wenn diese das von ihr gestellte Rätsel nicht lösen können. Dass sie aus einem sexuellen Trauma heraus handelt, steht auf einem anderen Blatt – in der Oper erscheint kurz der gottgleiche Kaiser von China auf seinem Himmelsthron, der zwar allmächtig ist, aber gegen seine ungezogene Tochter auch nichts auszurichten vermag. Er ist ein ohnmächtiger Machthaber, genau wie Philipp II.

Bei den Salzburger Festspielen wird dieses Jahr „Fidelio" gegeben – mit ihrer leidenschaftlichen Beschwörung der Freiheit und der drastischen Darstellung menschenverachtenden Staatsterrors die zweifellos politischste und symbolstärkste aller Opern. Wie Jonas Kaufmann – der Florestan in der Salzburger Aufführung – in einem Interview so eindrücklich formulierte, greift Beethoven mit dem dramatischen Crescendo in Florestans zentraler Arie „Zur Freiheit, zur Freiheit, ins himmlische Reich" mit den sich immer höher schraubenden Phrasen bewusst zu dem in der Opernliteratur wohl einzigartigen, kühnen Stilmittel der „Verzweiflung durch Unsingbarkeit".

Die Oper, so schrieb kürzlich ein kluger Kollege, sei mehr als nur ein abstraktes ästhetisches Vergnügen – sie sei ein musikalisches Drama mit existenziellen Dimensionen. Oft mehr noch: mit politischen Dimensionen. Wenn wir, beflügelt von der herrlichen Musik eines Puccini oder Verdi, die Zuschauerränge verlassen, sollten wir uns dankbar vor Augen halten, wie wichtig die Demokratie ist, die uns vor der Willkür der Mächtigen zu schützen vermag, wenn wir sie mit Sorgfalt pflegen.

Tag des Pudels!

(22.5.2014)

Mit Entzücken haben wir den Vorstoß der Familienministerin Sophie Karmasin zur Schaffung eines neuen Feiertags („Tag der Familie" am 15. Mai) zur Kenntnis genommen. Nicht nur, weil wir es der in den letzten Jahren etwas müde wirkenden ÖVP von Herzen gönnen, mit einer frischen, originellen Initiative wieder etwas Wind in die schlaffen Segel zu pusten – nein, wir, obwohl und gerade als Schweizer, finden die Idee eines neuen, zusätzlichen Feiertags einfach hinreißend. Treffend hat es jüngst die Ministerin bei einer Podiumsdiskussion zum Modethema „Nachhaltigkeit" auf den Punkt gebracht: Die Familie sei geradezu die Verkörperung der Nachhaltigkeit, denn sie wirke per definitionem in die Zukunft hinein. Doch der Haken an der Sache sei, dass die Lust an der Vermehrung bedenklich nachgelassen habe. Ein „Tag der Familie" könnte dem in der Tat entgegenwirken: Zusätzlich zum Angebot lustigen Zeitvertreibs für Alt und Jung wäre dies doch ein idealer Anlass für zögerliche Paare, diesen arbeits- und stressfreien – und aller Wahrscheinlichkeit nach romantisch lauen – Maientag zur allgemeinen Vermehrung zu nutzen.

Die Schweizer sind ziemlich spröde, was die Einführung neuer Feiertage betrifft. Die Schweiz, angeblich 1291 gegründet, hat nicht weniger als 702 Jahre gebraucht, um den Nationalfeiertag, den 1. August, als eidgenössisch festgelegten arbeitsfreien Feiertag einzuführen – aufgrund einer Volksinitiative vom 26. September 1993. Doch diese hoffnungslosen helvetischen Workaholics wollen nicht nur arbeiten – sie wollen auch arbeiten müssen: Im Jahr 1976 stimmte eine überwältigende Mehrheit von 78 Prozent gegen die Vierzig-Stunden-Woche. Da haben's die Österreicher doch viel besser: Versucht man als ruheloser Schweizer, irgendjemanden oder irgendein Amt zu früh, zu spät oder gar ab Freitagmittag zu erreichen – kommt sicher irgendein Tonband, das den Anrufer auf Montag vertröstet, wo man dann so allmählich aus dem Wochenende einzutreffen pflegt. Und dann erst die vielen schönen katholischen Feiertage mit ihren klingenden Benennungen! In den protestantischen Kantonen der Schweiz werden diese vollständig ignoriert, da wird stur durchgearbeitet.

„Heilige, die uns gerade noch gefehlt haben"

Ja, ich lebe gern in diesem gemütlichen Land – und ich bin für die Einführung ganz vieler zusätzlicher Feiertage! Als überzeugter Königspudelbesitzer (wie hier jeder weiß) wäre ich für die Einführung eines „Tags des Pudels". Daran hätten, von den stolzen Pudelbesitzern abgesehen, die Kinder und die Alten ihre Freude – und damit wäre ja auch ein konstruktiver Beitrag für die Familien geleistet.

Bark Mitzwah

(24.3.2016)

Kein Druckfehler. Sie haben richtig gelesen. Nicht Bar Mitzwah, nicht Bat Mitzwah – nein, Bark Mitzwah. Das gibt es tatsächlich – und, dreimal raten, „only in America". Die erste in den Annalen der Geschichte festgehaltene Bark Mitzwah wurde jedenfalls laut dem „Beverly Hills Courier" bereits 1958 im kalifornischen Beverly Hills (Wo denn sonst?) inszeniert. Der glückliche Vierbeiner, der als Erster in den Genuss dieser Zeremonie kam, war ein schwarzer Cockerspaniel mit dem edlen Namen „Duke of Windsor" (von seinen Freunden „Windy" genannt). Auf der Einladung zu der quasireligiösen Feier prägte dessen Besitzerin, eine gewisse Janet, erstmals den Begriff „Bark Mitzwah". Der Spaniel trug dabei, wie es sich gehört, Tallit und Yarmulke, Gebetsschal und Käppchen – und da sich die „Bark Mitzwah" inzwischen (die amerikanischen Rabbiner zeigten in der Regel eher geringe Begeisterung) über das ganze Gebiet der Vereinigten Staaten verbreitet hat, bieten geschäftstüchtige „pet shops" prompt das einschlägige Zubehör, Bark-Mitzwah-„packages" in jeder Preislage an.

Auf den Hund gekommen sind im Lauf der Weltgeschichte viele – auf den Pudel gekommen hingegen eine exklusive Gesellschaft: Thomas Mann, Arthur Schopenhauer, Walt Disney, Victor Hugo, Pablo Picasso, Thomas Gainsborough, Marilyn Monroe, Doris Day, Katharine Hepburn, Grace Kelly, Maria Callas, Sharon Tate, Gertrude Stein, Rex Gildo, Richard Wagner, Ludwig van Beethoven und natürlich Winston Churchill – die Liste der Prominenten unter den Pudelbesitzern ließe sich fast endlos fortsetzen. Mit meinem silbergrauen Königspudel Nando bin ich also nicht in der schlechtesten Gesellschaft.

Nando pudelt sich allerdings in letzter Zeit ganz schön auf. Er hat, offengestanden, auch allen Anlass: Der österreichische Kulturfernsehsender ORF III ist dabei, ihn zum TV-Star zu machen – die heiteren Episoden unter dem Titel „Des Pudels Kern" werden als kleine Vignette im „Kulturjournal" des ORF III ausgestrahlt. Ich selbst übe dabei als Assistent dieses aufgehenden Sterns am österreichischen Fernsehhimmel eine eher untergeordnete Funktion aus: als Moderator seiner pudelköniglichen Hoheit, als Chauffeur, Requisiteur etc.

Begonnen hatte die ganze Pudelei zwar nicht mit Film und Fernsehen, aber doch mit Theater: kurz nach meiner Ankunft in Wien, im Herbst 2001, mit dem zweitägigen (21-stündigen!) „Faust-Marathon", inszeniert von Peter Stein im Wiener Kabelwerk, mit dem großartigen Bruno Ganz in der Hauptrolle – und einem grandiosen, als Schauspieler hochbegabten Königspudel, mit dem sinnigen Namen „Mephi", in der Rolle des, nun eben, Pudels. Denn bekanntlich verwandelt sich der schwarze Pudel, der sich während des berühmten Osterspaziergangs an Fausts Fersen geheftet hat, im Studierzimmer in den Teufel, alias Mephisto. Und Fausts überraschter Ausruf: „Das also war des Pudels Kern!" kommentiert diese verhängnisvolle Metamorphose – und ist damit zur gängigen Redensart geworden, wenn einem das Wesen einer Sache plötzlich bewusst wird. Mir war damals jedenfalls sofort klar: Ein Pudel musste her – selbst mit dem Risiko, dass tief drin kein geringerer als der Teufel selbst stecken mochte. Doch mein ursprünglich teufelsschwarzes Pudelbaby mutierte innerhalb von drei Jahren zu einer silbergrauen Schönheit, der so ganz und gar nichts Teuflisches anhaftet.

Der Pudel ist eine uralte Hunderasse – erkennbar bereits auf römischen Reliefs aus der Zeit des Kaisers Augustus, von Dürer gezeichnet und von Rembrandt gemalt. Die Pudel hatten ursprünglich keineswegs nur attraktiv, anschmiegsam und lustig zu sein, sondern vor allem nützlich: als Enten-Apportierhunde wurden sie einst gezüchtet, und ihre exzentrische Frisur war nichts anderes als ein Wärmeschutz für Nieren und Gelenke im kalten Nass. Die Ausdrücke „begossener Pudel", „pudelnass", ja das Wort Pudel selbst (vom englischen „puddle" – Pfütze) deuten ja darauf hin, dass sich diese Aktivität zumeist im Wasser abspielte. Vielseitig einsetzbar sind diese höchstintelligenten Wesen auch heute noch: als Blindenhunde, als Frühwarnsystem für Epileptiker, als Diagnostiker verschiedener Darmkrebsarten, als Spürhunde bei Polizei und Zoll, mit besonders feinem Näschen für Kokain und Falschgeld. Und eben: neuerdings auch als Fernsehstar.

Wer sich nun aber fragt, wie es zur beliebten Ausdrucksweise „auf den Hund gekommen" kam: Im Mittelalter waren auf dem Boden der Geldtruhen oft Hundeportraits aufgemalt, in abergläubischer Absicht, wohl als magische Beschützer des Schatzes. War das jeweilige Vermögen aufgebraucht, wurde der Boden der Truhe und damit der Hund sichtbar – so war man, buchstäblich, auf den Hund gekommen. Irgendwie, aber anders, auf den Hund gekommen ist wohl auch der (oder die) Erfinder(in) der Bark Mitzwah. Wow.

Knapp davongekommen

(26.5.2016)

Österreich ist im zweiten Wahlgang der Präsidentschaftswahlen vom 22. Mai 2016 (genauer: nach Auszählung der Briefwahlstimmen am Tag danach) noch einmal knapp davongekommen. Genau 31.026 Stimmen bildeten im zweiten Wahlgang die dünne Trennlinie zwischen einer ungewissen, gefahrvollen Zukunft für dieses und einer hoffnungsvollen Perspektive mit reellen Chancen, die enormen, nun sichtbar gewordenen Spaltungen und Gräben in dieser so polarisierten Nation zu überbrücken – und Österreichs Image im Ausland zu korrigieren. Dass die kleine Alpenrepublik plötzlich im Brennpunkt des Interesses der renommiertesten internationalen Medien stand, ist kein Zufall. Der durchschnittliche Österreicher ist sich wohl kaum bewusst darüber (und wenn, reagiert er unwirsch bis aggressiv), dass dieses idyllische, wunderschöne Land im Ausland immer noch mit einem Rest an kritischem Misstrauen beobachtet wird – wegen seiner Vergangenheit und dem jahrzehntelangen, wenig erfreulichen Umgang mit dieser.

So wäre denn auch, wenn Hofer die Hofburg zur Hofer-Burg gemacht hätte, die europäische Öffentlichkeit alarmiert gewesen: Österreich hätte besorgniserregende Signale in ganz Europa ausgesendet – als erste westeuropäische EU-Nation mit einem antieuropäischen Rechtspopulisten als Staatsoberhaupt: Karl Kraus hatte bekanntlich Österreich als „Versuchsstation des Weltuntergangs" bezeichnet, und schon Friedrich Hebbel hatte 1862 geschrieben: „Dieses Österreich ist eine kleine Welt, in der die große ihre Probe hält."

Alexander Van der Bellen hat in seiner ersten Rede als designierter Bundespräsident jene Größe, zugleich Bescheidenheit und Besonnenheit gezeigt, die ihn als künftiges Staatsoberhaupt perfekt qualifiziert. Er hat zur Einheit aufgerufen und die Hand ausgestreckt gegenüber seinem Kontrahenten und dessen Anhängern. Auch hat er traditionsgemäß seine Parteimitgliedschaft bei den Grünen ab sofort ruhend gestellt. Doch wie sieht es im Lager der Wahlverlierer aus? Diese sprechen dunkel von „Unregelmäßigkeiten" und behalten sich die Anfechtung des Urnengangs vor. Die FPÖ hat sich als schlechte Verliererin geoutet und versucht, VdB als den einzigen in Direktwahl gekürten

„Phase 1 – Phase 2 – Phase 3"

Repräsentanten des Volkes, zu delegitimieren. War doch eigentlich zu erwarten. Schlimmer noch: Nachdem gegen die Moderatorin des TV-Duells, Ingrid Thurnher, Ende letzter Woche in den „sozialen" Medien ein „Shitstorm" von unbeschreiblicher Aggressivität und Obszönität losgebrochen war, ergehen sich frustrierte Hofer-Anhänger am extremen rechten Rand der FPÖ in unverhüllt kruden Gewaltfantasien. Van der Bellen wird offen bedroht, sogar mit Anschlägen auf seinen Wohnsitz. Das Innenministerium nimmt diese Drohungen „sehr, sehr ernst", und die Spezialeinheit Cobra hat ihren Personenschutz drastisch verstärkt. Ein Geschmack von dem, was Österreich nunmehr (oder vorerst) erspart geblieben ist – was an den extremen Rändern der FPÖ möglicherweise zu erwarten gewesen wäre, hätte Hofer gesiegt?

Norbert Hofer hätte, im Gegensatz zu VdB, seine FPÖ-Mitgliedschaft vermutlich nicht wirklich neutralisiert, sondern hätte wohl weiterhin als Handlanger Straches fungiert – und dafür gesorgt, dem Chef der laut Umfragen stärksten Partei die Hebel der Macht in die Hände zu legen. Knapp davongekommen? Dass die Hälfte der österreichischen Wähler bedenkenlos für den Repräsentanten einer Partei votiert hat, die ihre Ursprünge im Nazi-Sumpf hat und gegen Ausländer sowie die EU (von der insbesondere die burgenlän-

„Bedenkliche Tendenzen"

dische Heimat Hofers enorm profitiert hat), ist besorgniserregend – und trübt die Erleichterung über den knappen Wahlsieg Van der Bellens. Hofers am Sonntag so nebenbei hingeworfener Satz, falls er nicht Bundespräsident werde, so doch Strache gewiss Bundeskanzler, ist bereits die zweite Drohung, die von dem ach so sympathisch wirkenden Herrn mit Gehstock und Pistole zu vernehmen war. Österreich, das jetzt so „knapp davongekommen" ist, könnte sich eines Tages tatsächlich „wundern".

Fünfzig zu fünfzig – anschaulicher könnte das Bild einer polarisierten Nation nicht sein nach diesem spannendsten aller Urnengänge der Zweiten Republik. Polarisiert nicht nur zwischen extrem rechts und linksliberal, sondern auch, wenn man die Analyse der Wählerschaft betrachtet, zwischen konträren Weltsichten wie nie zuvor; krasse Unterschiede zwischen eher gebildeter Wählerschaft (VdB) und eher ungebildeten Wählern (Hofer), zwischen Stadt (VdB) und Land (Hofer), zwischen jenen, die von sozialwirtschaftlichen Abstiegsängsten gequält sind und deren Lebensqualität sich in den letzten Jah-

ICH BIN UNANGEFOCHTENER STAR-ZEICHNER iM KURIER. DER REGIERUNG GELINGT DIE GR.VERWALTUNGSREFORM DIE WIRTSCHAFT BOOMT, BESCHÄFTIGUNG STEIGT.

DER ARABISCHE FRÜHLING BLÜHT... FRIEDE AUF DER GANZEN WELT UND. KANZLER STRACHE RE- GIERT MIT RUHIGER HAND...

„Historische Momente: Letzter Teil"

ren eher verschlechtert hat (Hofer), und jenen, deren Lebensstandard sich verbessert hat (VdB), zwischen jenen, die noch Vertrauen in die Politik, in Politiker, Regierung und Parteien hegen, und jenen, die jedes Vertrauen völlig verloren haben. Diese Kluft, die allgemeine Vertrauenskrise und die Abstiegsängste eines Großteils der österreichischen Bevölkerung, kann selbst durch einen Ausgleich und Stabilität verheißenden Bundespräsidenten wie Van der Bellen kaum überbrückt werden. Österreich ist polarisiert, bewegt sich zu den Extremen hin, die politische Mitte ist zerbröselt, auch wenn die FPÖ sich in ihrem Wahlkampf redlich (und dennoch vergeblich) bemüht hat, Hofer als Mann der Mitte zu präsentieren. Findet in Österreich eine Polarisierung statt oder ist die Nation tatsächlich gespalten? Der Herausgeber des führenden politischen Wochenmagazins verstieg sich gar zur Formulierung: „Eine Wahl wie ein Bürgerkrieg". Das ist Unsinn. Von bürgerkriegsähnlichen Zuständen wie in den 1930er Jahren ist Österreich meilenweit entfernt – und solange noch der Parlamentarismus, die Justiz und die Medien einigermaßen intakt sind, wird Österreich ziemlich reibungslos weiter funktionieren. Ganz im Sinne Beethovens: Solange der Österreicher Bier und Würstel hat, „revoltirt er nicht". Und führt auch keine Bürgerkriege.

Diese Wahl hat jedenfalls den „Herrn Karl" mit seinem Ausspruch: „Na ja, Österreich war immer unpolitisch … i maan, mir san ja kane politischen Menschen!" ziemlich gründlich widerlegt. Das politische Interesse und Engagement war enorm bei dieser Wahl. Die hohe Wahlbeteiligung von 72,2 Prozent im zweiten Wahlgang war beachtlich (wenn auch bei weitem nicht so hoch wie historische Wahlbeteiligungen, beispielsweise 1951 in der ersten Volkswahl des Bundespräsidenten mit 97 Prozent).

Und vielleicht werden ja die jüngsten politischen Ereignisse nicht nur das Diktum des Herrn Karl widerlegen, sondern auch den Titel dieses Buches: Bundeskanzler Christian Kern ist jedenfalls angetreten, den Stillstand in dieser Republik zu überwinden, und auch Bundespräsident Van der Bellen ist durchaus ein dynamischeres Amtsverständnis zuzutrauen als seinem Vorgänger Heinz Fischer. Der Beginn einer neuen Ära für Österreich – ein Neubeginn, der aber gleichzeitig den Anfang vom Ende bedeuten könnte, wie der erste Wahlgang mit aller Deutlichkeit gezeigt hat: das Ende der Doppelmonarchie der „ewigen" Regierungspartner SPÖ und ÖVP, welche die Republik für Jahrzehnte so gründlich unter sich aufgeteilt hatten. Was aber bleibt, wenn die Diagnose „Stillstand" tatsächlich obsolet geworden sein sollte? Der Dreivierteltakt.

Ist uns das erspart geblieben?
(1.6.2016)

„Freu mich schon, wenn Hofer Präsident wird, dann werden die Judenschweine nach Mauthausen gebracht". Wörtliches Zitat aus einer Zuschrift, die kürzlich per Post (kaum zufällig unmittelbar nach den Mauthausen-Gedenkzeremonien am 15. Mai) handschriftlich abgefasst und, selbstverständlich, anonym an eine Reihe von Chefredakteuren oder Politik-Ressortchefs wichtiger österreichischer Tageszeitungen geschickt wurde. Ein Einzelfall, den man eigentlich nur ignorieren sollte, oder ein kleiner Hinweis auf das, was Österreich dank der Wahlniederlage Hofers (genau eine Woche nach den Mauthausen-Gedenkfeiern) möglicherweise erspart geblieben ist? „Spinnerbriefe" nannten wir derartige Elaborate bei der NZZ. Diesen wurde, falls sie besonders versponnen waren, die Ehre zuteil, in einem eigenen „Spinnerbrief-Ordner" gesammelt zu werden – zumeist aber wanderten sie, wie anonyme Leserbriefe grundsätzlich, gleich in den Papierkorb. Ernst genommen wurden sie jedenfalls nie.

Auch dieses Geschreibsel sollte man nicht ernst nehmen. Oder doch? Die österreichischen Kollegen, die damit beglückt wurden, stellen fest, dass ihnen seit Jahren, jedenfalls seit den Waldheim-Jahren, keine derart kruden Zuschriften mehr auf die Schreibtische geflattert seien. Klar, die „sozialen" Medien und die „Postings" der Internetausgaben dieser Zeitungen quellen mitunter geradezu lustvoll über vor antisemitischen, sexistischen oder rassistischen „Meinungs"äußerungen, deren Verfasser sich hinter mehr oder weniger ausgefallenen Pseudonymen verbergen. Der zitierte Brief ist, vorerst zumindest, ein Einzelfall. Aber weist dieser nicht darauf hin, dass sich etwas geändert hat? Dass sich vereinzelte, von derartigen Gewaltfantasien heimgesuchte Geisteskranke dank dem unerwarteten Wahlsieg Hofers in der ersten und dem von seinen Anhängern erhofften, ja erwarteten Wahlsieg in der zweiten Runde ermutigt fühlten, sich aus ihren dumpfen Höhlen zu wagen und ihre Weltanschauung jenen unter die Nase zu halten, die an den Schalthebeln der Medienmacht sitzen?

Rechtsextremistisch motivierte Straftaten haben jedenfalls in Österreich im vergangenen Jahr stark zugenommen, jene im Bereich des Linksextremismus

233

Ich bin wieder da

sind hingegen deutlich gesunken. Das geht aus dem aktuellen „Verfassungs-schutzbericht 2015" des Innenministeriums hervor. Peter Gridling, Direktor des Bundesamtes für Verfassungsschutz und Terrorismusbekämpfung (BVT), spricht von einem „dramatischen Anstieg" von Tathandlungen mit rechtsex-tremistischem, fremdenfeindlichem bzw. rassistischem oder antisemitischem Hintergrund. Diese haben gegenüber 2014 um 54,1 Prozent von 750 auf 1156 zugenommen. Anzeigen hat es in diesem Bereich 1691 gegeben – laut Grid-ling ein „absoluter Höchststand". Die Asyl- und Flüchtlingsthematik hat im Vorjahr „zu einer deutlichen Entfesselung von fremdenfeindlichen Aggressi-onen und Ressentiments" geführt – wozu regelmäßig auch KZ-Drohungen gehören, heißt es in dem Bericht. An diesen Tendenzen trägt Hofer zugegebe-nermaßen keine Schuld; in keiner seiner Äußerungen hat er je zu Rassismus, Antisemitismus oder gar Gewalt aufgerufen. Doch ein Wahlsieg Hofers mit all dem, was der deutschnationale Burschenschaftler verkörpert, hätte vermutlich jenen Auftrieb gegeben, die empfänglich sind für derartige Tendenzen. So ge-sehen war jene extreme Zuschrift ein Fanal.

Unmittelbar nach Abfassung dieses Textes wurde bekannt, dass in Alten-felden (Oberösterreich) ein kurz vor der Belegung mit 48 Flüchtlingen ste-hendes Asylheim als Folge eines Brandanschlages bis auf die Grundmauern abgebrannt ist – der erste derartige Fall in Österreich. Bisher.

Epilog

Als Korrespondent und Kommentator stößt man in Österreich auf zwei völlig entgegengesetzte Typen von Lesern: Da sind die, welche geradezu darum flehen, vom schweizerischen (und ja nicht etwa deutschen) Beobachter möglichst hart an die Kandare genommen zu werden. Und jene, die zutiefst irritiert oder gar hasserfüllt reagieren, wenn der ausländische Journalist die Dinge beim Namen nennt. Seine sanfte Ironie, seine mitunter offenen Worte erscheinen ihnen als abgrundtiefe, verdammenswerte Gemeinheit. So kommen mir die Österreicher mitunter leicht masochistisch vor, als ob sie von Zeit zu Zeit ganz gern ein bisserl geprügelt werden möchten; begeistert applaudieren sie ja im Theater nach Thomas Bernhards endlosen Bühnentiraden über das dumpf-katholisch-naziverseuchte Österreich – je lauter der Applaus, umso wirksamer übertönt er das immer noch ganz leicht schlechte Gewissen. Aber das ist ja nur Theater. Wenn man dann allerdings als Auslandskorrespondent oder politischer Kommentator mit aller gebotenen Sanftheit und Fairness tatsächlich Kritik übt, kommt gleich der wehleidige Aufschrei: Bitte, so haben wir das nicht gemeint! Zuschlagen ja – aber wir wollen keinesfalls etwas spüren dabei. Und weh tun darf es schon gar nicht. Das erinnert an den eingangs erwähnten Ausspruch von Viktor Klima: „Wir brauchen Reformen – aber nichts darf sich ändern."

Umso mehr freut es mich, dass offenbar eine dritte Kategorie von Lesern im Entstehen begriffen ist, deren Zuschriften zum FPÖ-Kandidaten Hofer ermutigen: „Wiederum ein sehr treffender Kommentar! Vor allem, wie Sie ihn eingeleitet haben. Die Schlussfolgerung stimmt allerdings bedenklich. Ist Österreich – sprich: Sind die Österreicherinnen und Österreicher – wirklich so weit rechts, dass wir einen solchen Präsidenten aus der Stichwahl bekommen?" Ein weiterer Leser schreibt: „(…) besten Dank für die gezeigte Courage. Die Presse zu schikanieren steht sicher auf dem FPÖ-Programm." Ein dritter: „Ich, meine Frau, meine Familie sind jedenfalls froh, dass es Kommentatoren von Ihrer Sorte gibt. Wir schätzen Ihre Meinung – auch die zum Burschenschaftler Hofer. Auf diese wütenden Angriffe der rechten Szene trifft man überall. Es ist ganz wichtig, dass es moderate und besonnene Gegenstimmen gibt. Vielen Dank." Gleichfalls. Das motiviert zum Weiterschreiben.

Personenregister

Bildnachweis

Die Karikaturen von Michael Pammesberger sind zum Teil dem Band „Pammesberger in der Krise. Neue Karikaturen", Ueberreuter 2015 entnommen. Wir danken dem Verlag für die freundliche Erlaubnis zum Wiederabdruck.

böhlau

CHARLES E. RITTERBAND

DEM ÖSTERREICHISCHEN
AUF DER SPUR

EXPEDITIONEN EINES
NZZ-KORRESPONDENTEN
MIT KARIKATUREN VON
MICHAEL PAMMESBERGER

Von den Höhen der Anden, der Weite der Pampa, aus der Tangometropole Buenos Aires in der Walzermetropole Wien eingetroffen, hätte der NZZ-Korrespondent eigentlich erwartet, im Herzen Europas ein längst vertrautes Land vorzufinden. Falsch. Als höchst genussreiche, aber nicht immer ganz gefahrlose Expedition in exotisches Terrain erwies sich der Vorstoß des weltgewandten Eidgenossen in die geheimnisvolle Domäne des Almdudlers und des Apfelstrudels. In ausgewählten Reportagen erschließt Ritterband das unbekannte Nachbarland Österreich; mit spitzer Feder und augenzwinkerndem Humor nimmt er in seinen Glossen aufs Korn, was ihm in acht Jahren Korrespondententätigkeit in Österreich am Rande des politischen Geschehens aufgefallen ist – begleitet vom Karikaturisten Michael Pammesberger, der mit seinen Zeichnungen stets unfehlbar ins Schwarze trifft.

2010. 392 S. 72 KARIKATUREN. GB. M. SU. 155 X 235 MM
ISBN 978-3-205-78399-2

BÖHLAU VERLAG, WIESINGERSTRASSE I, A-IOIO WIEN, T:+43 I 330 24 27-0
INFO@BOEHLAU-VERLAG.COM, WWW.BOEHLAU-VERLAG.COM | WIEN KÖLN WEIMAR